Conoce al Mesías, Dios de milagros.

VICTORIOSO

Jesús derrota a todos tus enemigos de forma aplastante

REBECA SEGEBRE

Para otros materiales, visítanos en:
EditorialGuipil.com

© 2022 por Rebeca Segebre
Todos los derechos reservados
Victorioso: Jesús derrota a todos tus enemigos de forma aplastante

Publicado por **Editorial Güipil**
Miami, FL - Winston-Salem, NC. Estados Unidos de América

Reservados todos los derechos. Ninguna porción ni parte de esta obra se puede reproducir, ni guardar en un sistema de almacenamiento de información, ni transmitir en ninguna forma por ningún medio (electrónico, mecánico, de fotocopiado, grabación, etc.) sin el permiso previo de los editores, excepto para breves citas y reseñas.

Esta publicación contiene las opiniones e ideas de su autor. Su objetivo es proporcionar material informativo y útil sobre los temas tratados en la publicación. Se vende con el entendimiento de que el autor y el editor no están involucrados en la prestación de servicios financieros, de salud o cualquier otro tipo de servicios personales y profesionales en el libro. El lector debe consultar a su consejero personal u otro profesional competente antes de adoptar cualquiera de las sugerencias de este libro o extraer deducciones de ella. El autor y el editor expresamente niegan toda responsabilidad por cualquier efecto, pérdida o riesgo, personal o de otro tipo, que se incurre como consecuencia, directa o indirectamente, del uso y aplicación de cualquiera de los contenidos de este libro.

Versículos bíblicos indicados con NVI han sido tomados de la Santa Biblia, Nueva Versión Internacional, NVI. ©1999 por Bíblica, Inc. Usado con permiso de Zondervan. Todos los derechos reservados mundialmente. www.zonderban.com.
Versículos bíblicos indicados con RV60 han sido tomados de la Santa Biblia, versión Reina Valera 1960. ©1960 Sociedades Bíblicas en América Latina; ©renovado 1988 Sociedades Bíblicas Unidas. Utilizado con permiso. Reina Valera 1960© es una marca registrada de la American Bible Society.
Versículos bíblicos indicados con NTV han sido tomado de la Santa Biblia, Nueva Traducción Viviente, © Tyndale House Foundation 2008, 2009, 2010. Usado con permiso de Tyndale House Publishers, Inc., 351 Executive Dr., Carol Stream, IL 60188, Estados Unidos de América. Todos los derechos reservados.

Editorial *Güipil*

Editorial Güipil. Primera edición 2022
www.EditorialGuipil.com
ISBN: 978-1-953689-50-4

Categoría: Crecimiento Personal / Vida práctica / Inspiración

«Perseguí a mis enemigos y los alcancé;
no me detuve hasta verlos vencidos.
Los herí de muerte para que no pudieran levantarse;
cayeron debajo de mis pies.»

Salmos 18: 37 – 38 (NTV)

Contenido

Introducción 7

Capítulo 1
Alegría en lugar de frustración 11

Capítulo 2
Salud en lugar de enfermedad 41

Capítulo 3
Abundancia en lugar de escasez 65

Capítulo 4
Ojos abiertos en lugar de la ceguera espiritual 83

Capítulo 5
Pastoreado en lugar de vivir a la deriva 105

Capítulo 6
Vida en lugar de muerte 121

Capítulo 7
Luz en lugar de oscuridad 135

Acerca de la autora 149

Introducción

Dios conoce el daño que el pecado trajo a nuestra vida mucho más de lo que nosotros mismos estamos conscientes; es por ello que necesitamos de Él y solo Él para restaurar todo lo perdido.

Cuando Jesús vino a la tierra, el pueblo de Israel estaba esperando al Mesías como aquel libertador de lo que ellos creían era su gran enemigo: el imperio romano. Roma les había hecho esclavos, pobres y vivían temerosos. En la vida ocurre de la misma manera: buscamos el culpable de todos nuestros problemas y, al mismo tiempo, no entendemos o se nos olvida cuál es el verdadero problema y quién es nuestro verdadero enemigo. El verdadero problema es el pecado original que entró a la tierra por medio de Adán, y con ello entró todo lo demás que vino a destruir nuestras vidas.

El victorioso Mesías vino esa primera vez a derrotar, no al gobierno de Roma, sino a los verdaderos enemigos de la humanidad: la escasez, la enfermedad, la ceguera espiritual, el vivir a la deriva, la muerte física, las frustraciones de la vida y la muerte espiritual.

En este libro estudiaremos el paralelismo que existe entre Salmos 78, en el Antiguo Testamento, y las señales de Jesús que se encentran en el libro de Juan. Este salmo habla del pueblo de Israel, y dice que el pueblo no creyó: un día creía, otro día se olvidaba. Pero al final nos habla de Jesús y lo que vendría a hacer en favor de toda la humanidad. En el versículo 66 dice:

«Entonces el Señor se levantó como si despertara de un sueño, como un guerrero que vuelve en sí de una borrachera. Derrotó a sus enemigos en forma aplastante, y los mandó a la vergüenza eterna.»

Cuando dice «el Señor» se refiere al Mesías. Por esto este libro se titula Victorioso, porque Jesús en su primera venida a la tierra como el Mesías esperado, derrotó a todos nuestros enemigos de forma *aplastante* como se profetizó en el Salmo 78.

Y al estudiar el evangelio de Juan, encontramos cuáles fueron esos enemigos que el Señor Jesús derrotó de manera aplastante de una vez y por todas. Juan fue selectivo con respecto a qué milagros, parábolas y señales de Jesús decidió incluir en sus escritos:

«*Y hay también otras muchas cosas que hizo Jesús, las cuales, si se escribieran una por una, pienso que ni aun en el mundo cabrían los libros que se habrían de escribir. Amén.*» Juan 21: 25 (RV1960)

Fueron tantos los hechos milagrosos de Jesús, que al apóstol Juan le era necesario escribir aquellos que estuvieran alineados con el propósito que él quería causar en los lectores. Es por esto que eligió los hechos que nos ayudan a entender quién es Jesús: el victorioso Mesías que derrotó *la escasez, la enfermedad, la ceguera espiritual, el vivir a la deriva, la muerte física, las frustraciones de la vida y la muerte espiritual.*

El Propósito del libro de Juan es este:

"*Los discípulos vieron a Jesús hacer muchas otras señales milagrosas además de las registradas en este libro. Pero estas se escribieron para que ustedes continúen creyendo que Jesús es el Mesías, el Hijo de Dios, y para que, al creer en él, tengan vida por el poder de su nombre.*" Juan 20: 30 - 31 (NTV)

De la misma manera, en este libro yo analizo estos mismos hechos que revelan a Jesús como victorioso y te invito a conocerlo, creer en Él y recibirlo como Hijo de Dios.

¡Conoce al Mesías. Dios de milagros!

Capítulo 1
ALEGRÍA EN LUGAR DE FRUSTRACIÓN

EL PRIMER MILAGRO Y SEÑAL DE JESÚS

El primer milagro que encontramos en el evangelio de San Juan es el milagro que realizó Jesús en una boda en Caná de Galilea. Esta es la ocasión en la que por primera vez Jesús reveló su gloria y sus discípulos creyeron en Él.

Mi deseo es que tu y yo reflexionemos acerca de este acontecimiento como si fuera una historia bíblica que nunca antes escuchamos. Allí es donde Jesús convirtió el agua en vino. No vamos a centrarnos en qué clase de vino fue este o si es permitido tomar vino o no. ¡Eso no lo vamos ni a pensar! Más bien vamos a enfocarnos en lo que estaba sucediendo, y meditar en la victoria de Jesús sobre un enemigo del ser humano con el que hemos "aprendido" a vivir. Quiero que miremos lo que este acontecimiento nos señala: Este milagro es una señal milagrosa en la que el Señor derrotó a uno de nuestros enemigos; en otras palabras, transformó por completo una atmósfera y cambió el veredicto de un momento de tristeza para una novia a uno de alegría y nos revela a Jesús como el Mesías victorioso sobre las frustraciones de la vida.

Jesús reveló Su gloria, y la Palabra dice que por medio de esta señal sus discípulos creyeron en Él; por este motivo, yo deseo que en este momento el Señor nos ayude, para que también nosotros, a través de meditar en esta historia Bíblica podamos ver Su gloria, creer en Él y tomar en serio a Dios y sus promesas.

LAS SEÑALES MILAGROSAS DE DIOS PUEDEN VERSE EN LOS DETALLES MÁS SIMPLES

Antes de continuar con el estudio del capítulo 2 de San Juan, fijémonos en algo muy interesante: el paralelismo que existe entre los milagros de Jesús con lo que nos cuenta el Salmo 78, cuando se nos recuerda las señales milagrosas que hizo Dios en favor del pueblo de Israel cuando estaban en el desierto al salir de Egipto. Este salmo nos recuerda las señales y deja en evidencia que todas ellas tienen como motivo la provisión para una necesidad de la vida diaria. Entonces este salmo nos muestra que el Dios de Israel es Dios de maravillas desde el principio, y por medio de los milagros que Juan decide colocar en su evangelio, nos hace ver que Jesús mostró ser ese mismo Dios de maravillas, y aún hoy él quiere ser Dios de maravillas en tu vida.

Adicionalmente, estas señales no fueron hechas con una actitud de prepotencia, como si Él quisiera decir: «Déjame mostrarte mi poder», ¡No! Más bien, Él dice: «Te muestro mi poder porque quiero que me conozcas como tu Dios bueno y amoroso, que conozco tu necesidad, deseo que creas en mí y en medio de esta situación confíes en mi cuidado». ¿Qué cuidado? El cuidado del día a día, de que si el pueblo tenía hambre les dió pan, que si después le pidieron carne, les dió carne, que si tenían sed, les dio agua, y si el agua que encontraron en el camino estaba amarga, la transformó en dulce y eso mismo hace para ti y para mi.

Fuiste a tomar agua, ¿y el agua cómo estaba? Agria… mara, amarga. !Que decepcionante experiencia! Estar caminando en el desierto después de un momento de mucha ansiedad porque los enemigos de Egipto te perseguían, y de allí, encontrar un oasis con agua, pero al tomarla se encuentra amarga.

La vida puede resultar amarga, así como dijo Nohemí, aquella mujer cuyo nombre significaba gozo: *«No me llamen así, llámame "Mara", porque Dios me ha traído mucha amargura».* Rut 1:20

Ella se equivocó en ese momento, al igual que sucede con nosotros: Empezamos como Nohemí con la ilusión de la juventud, el matrimonio, los hijos y en el camino las frustraciones y decepciones de la vida nos tornan amargas, y el señor hace un milagro, para Nohemí, así como para el pueblo sediento en el desierto, para que el agua no esté amarga, sino dulce. Yo creo que esto es muy parecido a lo que hizo Jesús en aquel momento en Juan 2 cuando una novia en el gozo de su fiesta estaba a punto de experimentar un momento no muy dulce y de mucha frustración:

«Al día siguiente se celebró una boda en la aldea de Caná de Galilea. La madre de Jesús estaba presente, y también fueron invitados a la fiesta Jesús y sus discípulos. Durante la celebración, se acabó el vino, entonces la madre de Jesús le dijo: "Se quedaron sin vino".

"Apreciada mujer, ese no es nuestro problema", —respondió Jesús—. "Todavía no ha llegado mi momento".»

Sin embargo, su madre les dijo a los sirvientes: «Hagan lo que él les diga». Cerca de allí había seis tinajas de piedra que se usaban para el lavado ceremonial de los judíos. Cada una tenía una capacidad de entre 75 a 113 litros. Jesús les dijo a los sirvientes: «Llenen las tinajas con agua». Una vez que las tinajas estuvieron llenas, les dijo: «Ahora saquen un poco y llévenselo al maestro de ceremonias». Así que los sirvientes siguieron sus indicaciones. Cuando el maestro de ceremonias probó el agua convertida en vino, sin saber de dónde provenía, mandó a llamar al novio.

«"Un anfitrión siempre sirve el mejor vino primero—le dijo—, y una vez que todos han bebido bastante, comienza a ofrecer el vino más barato. ¡Pero tú has guardado el mejor vino hasta ahora!". Esta señal milagrosa en Caná de Galilea marcó la primera vez en que Jesús reveló su gloria, y sus discípulos creyeron en Él.» Juan 2: 1-12

Se nos dice que este fue el primer milagro que Jesús hizo, no solo en este evangelio sino el primero de todos, así que vamos a estudiarlo detenidamente para conocer a Jesús como el Mesías victorioso.

JESÚS VINO A DERROTAR LAS DECEPCIONES DE LA VIDA

Cuando leía la porción de la Palabra de Dios que se halla en Juan 2, el Espíritu Santo me recordó: «busca el enemigo que Jesús vino a destruir aquí». El enemigo que veo aquí, el cual Jesús destruyó y derrotó, son las decepciones de la vida, la tristeza y la frustración. Nuestra expectativa en la vida es que todo salga bien y nuestra preocupación constante es que todo pueda salir mal, ¿cierto? Yo soy ingeniera de sistemas, y como jefe de proyecto en la universidad me enseñaron: «Querida, tienes que pensar de esta manera: "Todo lo que puede salir mal, saldrá mal". Así que tienes que tener un plan para ello», y esto es difícil porque ya vivimos en un mundo donde vivimos de la "esperanza" que todo salga bien. Decimos entre el derrotismo y la esperanza: «Ah, esperemos que todo salga bien». Sin lugar a duda, tenemos ese pensamiento porque entendemos que no todo esta bajo nuestro control y simplemente nuestra expectativa no siempre sale bien, y con esto llega la frustración, el desanimo. Sabemos que es cuestión de tiempo y pronto sentimos el peso en los hombros. Esto nos roba la fuerza, los pensamientos comienzan a dirigirse hacia los acontecimientos que traen la frustración y perdemos la motivación que teníamos, se nos hace difícil disfrutar de la vida. Así le paso a Nohemí.

La historia se encuentra en el libro de Rut. Cuenta la historia que Nohemí después de casarse, tener hijos, vivir una situación económica difícil y decidir mudarse de ciudad esperando solucionar ese problema financiero, por un tiempo todo pareció salir bien, sus dos hijos crecieron se casaron y de pronto su esposo muere, queda viuda y en poco tiempo sus dos hijos también mueren. A Nohemí se le hizo imposible disfrutar la vida. Y a nosotros nos puede suceder igual. Así estaba a punto de sucederle a aquella novia en Cana de Galilea, pero Jesús estaba invitado a su boda.

Dios nos creó con pensamientos buenos; es más, la Biblia nos dice en Efesios 2:10 que el Señor nos regala una nueva vida, y con esa nueva vida se restaura el hecho de que Él ya tiene buenas obras preparadas para que nosotros caminemos en ellas.

Sin embargo, en algún momento después de nacer, se nos dañó la felicidad, llegó la frustración, y este sentimiento se convirtió en un enemigo constante en nuestra vida. ¿Cuál vida? Juan 10:10 dice que el enemigo tiene el propósito de matar, robar y destruir. Ahora bien, «mi propósito», dijo Jesús, «es que tengan una vida plena y abundante». Jesús vino a restaurar la vida plena que Dios tenia preparada cuando nos creó y para ello vino como victorioso sobre aquello que se interpone entre nuestra realidad de vida después de la caída y la voluntad perfecta, buena y agradable de Dios para ti y para mi: La vida plena.

Considero que el Señor también quiere que tengamos esta vida plena y abundante hoy. Si leemos el Salmos 78 el cual resume la vida del pueblo de Israel en especial desde su salida de Egipto y que muestra lo que el Señor hizo por ellos desde que los formó como pueblo, estamos hablando de que, al salir del Egipto, Él les proporcionó agua, comida, pan; la ropa no se les deterioró en el desierto, y luego les dio la tierra prometida. Cuando llegaron a un río y encontraron que el agua no era buena para beber, por orden del Señor utilizaron un árbol para que milagrosamente la misma se convirtiera en bebible. Frente a esto, yo no creo que Dios hizo este milagro solo para mostrar su poder, o que Dios quería que el pueblo dijese algo así como: «¡Ah!, *wow*, Dios es todopoderoso, Dios es increíble...». Frente al gran milagro, ellos quedaron maravillados por supuesto, pero tomaron del agua porque para eso es que Dios hizo el milagro porque había una necesidad imposible de saciar: tenían una gran sed, no había agua para beber y el estanque que encontraron les produjo falsas esperanzas y luego desilusión. En el desierto el pueblo siempre tenia que esperar y confiar en Dios que proveyera para cada dificultad que experimentaban en el camino. Su provisión siempre probó ser idónea, alimentaba la confianza en Dios para el próximo reto y traía gran satisfacción. Igual sucede para ti y para mi hoy.

El agua amarga que Dios endulzó en el desierto al tirar un árbol se asemeja a lo que hizo Jesús con el agua de aquellos cántaros de agua en la boda de Cana cuando la convirtió en el mejor vino. Cuando el Dios de maravillas aparece en la escena de nuestra vida, el agua amarga del desierto se vuelve dulce. El agua común y corriente de los cántaros se vuelve vino. Nuestro victorioso Jesús vino a derrotar a ese enemigo que busca siempre arruinar la fiesta.

QUE EL ENEMIGO NO ESTROPEE TU FIESTA

¿Te ha pasado que has tenido que suspender una fiesta?

En Caná de Galilea, la fiesta de la boda recién comenzaba, ya que antes estos festejos solían durar por siete días. ¡Sí! Así como lo estás leyendo, las bodas en los días de Jesús eran celebraciones que podían durar una semana entera cuando la novia se casaba por primera vez. Mientras que si se casaba una viuda podría prolongarse por tres días o menos. Se preparaban banquetes para muchos invitados que celebraban la nueva vida de la pareja. De acuerdo con la biblia de estudio de la NTV los editores nos dicen que era un hecho, muchas veces todo el pueblo era invitado, y todos asistían, ya que rehusar la invitación a una boda era un insulto. No obstante, la pareja también tenía que planificar cuidadosamente cada detalle. ¿Por qué? Porque una de las peores vergüenzas era que se acabara el vino, pues violaba las costumbres de hospitalidad. Por esta razón, María se le acerca al Señor Jesús con preocupación y apremio, por alguna razón María sabia que el vino estaba escaseando en esta fiesta y era normal pensar: «No puede ser, es solo el comienzo de su nueva vida, es temporada de celebración para esta novia y ya se le acaba la fiesta». Él estaba a punto de suplir una necesidad que causaba gran preocupación. Interesante, ¿verdad?.

Qué bueno que los editores de la Biblia NTV pudieron verlo, y es lo que yo también observo aquí. La fiesta casi se echó a perder. En esta escena tenemos a una novia que esta esperando vivir esos siete días tradicionales que la celebran, la familia de ambos lados ha hecho un pare en sus actividades preparados para vivir esta celebración y probablemente el pueblo completo está presente alegrándose en la fiesta. El día a día por los próximos siete días ya tiene una agenda llena de alegría y la realidad, que pocos saben, es que la fiesta se dañó. En la cocina había preocupación porque conocían la realidad de los hechos y era cuestión de tiempo y todos se enterarían. ¿Sabes qué?, lo lindo es que esta novia nunca se enteró de que la celebración de su boda estuvo a punto de arruinarse. Afortunadamente, como Jesús estaba invitado a la fiesta, la misma pudo continuar adelante sin ningún problema.

Lamentablemente a veces se nos arruina la fiesta, nos falta algo o sentimos insatisfacción. Pero la Biblia dice: «Tú has guardado el mejor vino hasta ahora». ¡El Señor rescató la fiesta! Rescató el gozo de la novia e igual puede hacerlo con nosotros. No solo les dio vino, pero el mejor vino, cuando Dios hace milagros entrega algo mejor de lo que algún día hubiésemos experimentado. Sus milagros son extravagantes, así como lo son Su poder y Su amor. Solo la humildad nos hace conscientes de nuestra necesidad constante de esperar y confiar en Dios de manera que nos sometamos a sus instrucciones y lo veamos realizar maravillas en nuestra vida.

EL SEÑOR VINO A RESCATAR NUESTRO GOZO

Quiero que entiendas que el Señor vino a rescatar nuestro gozo. Él vino a rescatar lo que nosotros habíamos perdido. Rescató el gozo de esta novia. Puede que tú no seas una novia, o digas: «Bueno, ¿cómo se identifica esto con un enemigo que puedo llegar a tener en mi vida?» ¿Cuántos nos ha pasado esto? Todo iba bien y llegan momentos de frustración y derrota, donde nos arrepentimos de haber perdido el tiempo en algo, o vivimos algún acontecimiento que viene a traer tristeza, o problemas. Se nos ha dañado una fiesta, la "fiesta" tal vez de tener un buen matrimonio o una gran empresa.

Pues a veces no solamente se trata del goce de las cosas lindas, como por ejemplo, las celebraciones, sino que Él también quiere rescatar la satisfacción de disfrutar de tu negocio y restituir lo que has perdido, ya sea tiempo, recursos, ministerios o emprendimientos.

"porque el SEÑOR tu Dios está en medio de ti como guerrero victorioso. Se deleitará en ti con gozo, te renovará con su amor, se alegrará por ti con cantos"
Sofonías 3: 17 (NVI)

JESÚS DERROTA A LA DECEPCIÓN

En Lucas 5:1 vemos que antes de que el Señor lo llamara, Pedro pasó toda la noche en su negocio sin haber pescado nada. Fue frustrante, se le arruinó la fiesta. Pasó una hora, dos, tres; y Pedro dijo: «¡Imposible!, yo sé pescar, este es mi negocio, pero hoy es un día frustrante. Soy persistente y voy a hacer todo lo que pueda hacer». A veces hacemos todo lo que podemos hacer, pero, como Pedro en su negocio de pesca, transcurre toda la noche y no hay nada.

Si lees Lucas 5:1-5, podrás ver cómo Jesús hizo un milagro que derrotó al enemigo que se levantaba en contra de Pedro y su economía. En este caso, la decepción de su negocio de pesca.

Cuando el Señor le pidió prestada su barca, Pedro lo hizo y Jesús la utilizó para predicar. Después de esto Jesús le dijo: «Ey, ¿por qué no sales nuevamente a pescar?». Cuando Pedro lo hizo, el Señor le regaló una pesca milagrosa. En ese momento, Él derrotó al enemigo que se levanta trayendo decepción y frustración. De igual manera, también Jesús quiere ser vencedor en tu vida sobre todo aquello que intenta hundirte en decepción y desanimo.

ÉL SE INTERESA POR NUESTRO BIENESTAR

Jesús desea llevarte de una experiencia decepcionante a una impresionante, así como con Pedro, que tuvo que pedirle a la otra barca que viniera, porque eran demasiados peces para una sola. Sin duda, lo que le sucedió a Pedro fue una obra maravillosa del Señor; él dijo: «Esto nunca lo había visto». Fue un suceso impresionante y enriquecedor.

Asimismo, Jesús se interesó por la boda de Galilea, pero es importante recordar que le dijo a su madre: «No es nuestro problema». **Yo quiero que entiendas que, frente a estas situaciones decepcionantes en la vida, no es Dios el que las causa, a veces culpamos a Dios** y decimos: «Bueno, si Dios hubiese…». Esto seria considerado hablar en contra de Dios así mismo como lo hicieran los israelitas en el desierto.

Sin embargo, a pesar de que en la vida haya decepciones, —porque estamos viviendo en un mundo caído—, el Señor no causa las decepciones de la vida, Jesús vino a derrotar al enemigo que se levanta como el causante de las frustraciones en la vida y así como fue prometido desde el principio, El salió victorioso.

Por lo tanto, pongamos atención a la historia para conocer sobre el Mesías y su obra en nosotros. Mirémoslo en esta boda. Jesús no fue a boicotear la fiesta. Muchos quizá pensarían: «¡Bah!, ya llegó Jesús. Esto me serviría si necesitase ir al cielo o recibir la vida eterna, pero en este momento solo me importa lo que pasa aquí en la tierra». Algo similar puede suceder cuando tenemos a alguien en la familia que por primera vez llega a los pies de Cristo. Tal vez los otros que observan dicen: «Ay, sí. Yo sé; he escuchado que necesito la vida eterna, pero para que la acepte será mejor que espere hasta el último momento, porque Jesús también es un aguafiestas. Él llega a la vida de uno y se va todo lo bueno y divertido».

En cambio, vemos que no fue así. Él llegó a la boda como invitado y salvó la fiesta, restauró el vino y recobró la felicidad, sobretodo en el contexto que habíamos mencionado, donde las bodas solían durar siete días y era parte de la hospitalidad. Esto nos muestra que Jesús no solamente vino a arreglar la fiesta, o como tú quieras llamarlo, sino que también vino a derrotar al enemigo que llega a tu vida a convertir todo en decepcionante. Cuando Jesús entró a la fiesta de esta boda derrotó la tristeza que se ocasionó por la falta de vino y restauró el gozo de celebrar el acontecimiento precioso de los novios.

JESÚS Y EL MANTO DE ALEGRÍA

Las fiestas supuestamente divertidas, en las que tu terminas borracho, pueden ser el comienzo de un accidente de transito al regreso a tu casa. La diversión que el enemigo nos brinda en este mundo tiene como fin la muerte, ya sea la muerte física nuestra, la de otro o la muerte de relaciones importantes. Las drogas, el alcohol, los bares, prostíbulos, etc. no tienen como fin tu bienestar integral, son una trampa para llevarte a experimentar la muerte de algo o de alguien. Traen muerte y traen luto a la vida. En contraste, en la profecía de Isaías sobre la misión de Jesús al venir a la tierra, queda claro que Dios quiere restaurar nuestro gozo, y al venir a esta tierra, Jesús hizo todo lo necesario para que esto ocurra en tu vida:

"El Espíritu de Jehová el Señor está sobre mí, porque me ungió Jehová; me ha enviado a consolar a todos los enlutados; a ordenar que a los afligidos de Sion se les dé gloria en lugar de ceniza, óleo de gozo en lugar de luto, manto de alegría en lugar del espíritu angustiado"
Isaías 61: 1; 3 (RV1960)

En este pasaje vemos que el Señor fue enviado para quitarnos ese vestido común de tristeza que carga la humanidad y el luto de todo lo que va muriendo mientras pasamos por la tierra, para entregarnos a cambio lo que solo Dios puede darnos: un manto de alegría.

Si leyéramos los Salmos para solo buscar la palabra "gozo" o "alegría" como parte de la bendición que Dios quiere otorgarnos a Su pueblo, encontraríamos muchas referencias que nos llevarían a entender que la alegría es un don de Dios y que la promete enviar por medio del Mesías. Aquí te comparto algunas de ellas:

"Me has dado más alegría que los que tienen cosechas abundantes de grano y de vino nuevo."

Salmos 4: 7 (NTV)

Pero que se alegren todos los que en ti se refugian; que canten alegres alabanzas por siempre. Cúbrelos con tu protección, para que todos los que aman tu nombre estén llenos de alegría.

Salmos 5: 11 (NTV)

Gracias a ti, estaré lleno de alegría; cantaré alabanzas a tu nombre, oh Altísimo.

Salmos 9: 2 (NTV)

Pero yo confío en tu amor inagotable; me alegraré porque me has rescatado.

Salmos 13: 5 (NTV)

Con razón mi corazón está contento y yo me alegro; mi cuerpo descansa seguro.

Salmos 16: 9 (NTV)

Que gritemos de alegría cuando escuchemos de tu triunfo y levantemos una bandera de victoria en el nombre de nuestro Dios. Que el SEÑOR conteste a todas tus oraciones.

Salmos 20: 5 (NTV)

¡Cuánto se alegra el rey en tu fuerza, oh SEÑOR! Grita de alegría porque tú le das la victoria. Pues le diste el deseo de su corazón; no le has negado nada de lo que te ha pedido.

Salmos 21: 1 -2 (NTV)

Los pobres comerán y quedarán satisfechos; todos los que buscan al SEÑOR lo alabarán; se alegrará el corazón con gozo eterno.

Salmos 22: 26 (NTV)

"Me preparas un banquete en presencia de mis enemigos. Me honras ungiendo mi cabeza con aceite. Mi copa se desborda de bendiciones."

Salmos 23: 5 (NTV)

LA VERGÜENZA: UN GRAN ENEMIGO DE LA VIDA PLENA

Cuando leemos Salmos 78, en particular el versículo 66, podemos ver que la victoria absoluta del Mesías: «Derrotó a sus enemigos en forma aplastante y los mandó a la vergüenza eterna».

Cuando finalmente el Mesías vino a la tierra, el hizo señales y milagros que hacían referencia a su victoria sobre todo lo que nos era tropiezo. Uno de nuestros enemigos, uno de los enemigos de la vida plena que

Jesús derrotó, son las decepciones de la vida porque con ellas llega la vergüenza. En este caso en particular, en la boda de Galilea, los novios estaban a punto de sentir una gran vergüenza pública. Muchas veces no es en tu boda que vas a sentirte así, pero puede ser en tu negocio. Tal vez las cosas no salen bien o tus ingresos no son suficientes. Puedes llegar a sentir humillación con tu familia o incluso sentir decepción con tus relaciones. No obstante, quiero recordarte que Salmos 78: 66 nos dice que el Señor mandó a la deshonra eterna a nuestros enemigos, y en cierta manera, al enemigo. Si vemos cómo el Señor habla acerca de Lucifer, nos damos cuenta de que fue a él a quien lo mandaron a la vergüenza eterna, no a ti, amiga. Es por eso por lo que el diablo quiere que tú y yo vivamos sintiéndonos en ridículo, porque ese es su destino, no el tuyo ni el mío.

EL SEÑOR HA DERROTADO A LA VERGÜENZA

Algo muy importante que nosotros debemos recordar, es que el Señor ha derrotado a la vergüenza; por este motivo, no tenemos por qué sentirnos avergonzados por el pasado que Su sangre ya limpió y su bondad ya restauró. La verdad es que a Jesús le interesa restituirte. Él quiere llegar a esos momentos de frustración que, debido a la naturaleza y a la humanidad caída en la que vivimos, hacen que la vida a veces se torne decepcionante.

En mi libro *Las señales de la cruz* te cuento la historia

completa de mi vida. En especial, parte de lo que dice es que yo no tuve música ni baile en mi primer matrimonio. Proféticamente, cuando yo sin saberlo se acercaba el final de ese matrimonio, Dios me vistió de novia, me llevó a Israel y me recordó que yo soy Su novia, que Él es el que me ha llamado, el que me ama y me celebra. Lo hizo de manera pública y majestuosa. Tienes que leerlo en ese libro, *Las señales de la cruz*. ¿Sabes por qué Dios hizo todo eso en mi vida? Porque Él quería que hubiese música y baile en la ocasión de celebrar a la novia Rebeca. Y lo hizo. El Señor me regaló música y baile. Si bien tuve que esperar no sé cuántos años, el Señor finalmente me concedió la fiesta que mi corazón anhelaba y me hizo ver la felicidad y el gozo que el anhela entregarme.

Le doy gracias a Dios adicionalmente por la historia de la adopción de mis hijos. Sobretodo porque demuestra que me sentía insatisfecha con la vida. Muchas veces, nos dicen que debemos hacernos los súper humanos o simplemente no desear aquello que no se nos dio; es decir, aprender a ser personas satisfechas sin Dios y sin su ayuda: «Si la vida no te dio, pues tú eres una persona resiliente que puede hacer frente a cada fracaso y frustración. Tal vez no naciste para eso, o tal vez deberías aprender a no desear aquello que no se te ha dado». Entonces, ¿quiere decir que puedo vivir sin Dios, puedo vivir sin Su ayuda, sin esperanza, sin deseos y sin fe? No. Dios no es así. Él quiere visitarte en el lugar de tu humanidad donde está la decepción, el desconsuelo, la tristeza, el abatimiento y la consternación. Tampoco estoy diciendo que debamos soportar el hecho de vivir sin eso que realmente sentimos que nos hace falta; en su lugar, y como tercera opción, necesitamos vivir pidiendo en fe, y esperando con paciencia. Manteniendo la esperanza de ver eso que no tuvimos, o eso que nos hace falta, o esa insatisfacción, cubierta de la mano de Dios.

Queremos ver los milagros de Jesús, porque Él es todopoderoso. Así como Él lo hizo antes, lo puede hacer en tu vida y en la mía. Él puede cambiar tus situaciones de lamento en baile. ¡Así es! Lo podemos ver a lo largo de su Palabra, y lo veo también en mi vida. Él cambió mi lamento en baile, convirtió el agua en el mejor vino y, sabes, la vida con Él es mejor. Cuando Él aparece y a ti te hace falta algo, Él provee y es mejor que lo que te hacía falta. ¡Se siente como el doble! Porque el te da rebosado y maximizado.

Cuando le llevé al Señor mi deseo de adoptar, Él me dio dos hijos. Me dijo: «¿Qué era lo que tú querías?», yo le dije exactamente lo que anhelaba y Él me lo dio al doble, más rápido de lo que esperaba, doblemente rápido. Dos adopciones separadas y el mismo día. "nunca lo hemos hecho" dijeron los de la agencia de adopción, sin embargo, en un instante, Él hizo todo lo que se podía hacer y mucho más.

La Biblia dice que cuando Jesús convirtió el agua en vino, sus discípulos creyeron en Él. Creo que a los discípulos no les dio el tiempo para hacer un estudio exhaustivo sobre quien realmente era Jesús antes de ver esta señal que los hizo creer en Él. Y creo que esta enseñanza también se aplica para ti y para mí. **Cree en Él. Cree que Él vino a esos momentos decepcionantes y frustrantes de nuestras vidas; entrégale todas tus decepciones.**

Eso es lo que yo aprendí. Víctor es mi esposo, mi segundo matrimonio y fue el comienzo de una nueva época en mi vida. Voy a abrir mi corazón con lo que voy a contarte aquí. Con Víctor nos casamos por civil y fue algo bonito. Si te has casado por civil, entonces seguramente sabrás de lo que estoy hablando. Yo estaba feliz porque también estaban mis hijos, David y Julia, a mi lado. Pero, si bien celebramos y tuvimos una cena juntos, yo quedé con el deseo de tener la fiesta y se lo llevé al Señor. Le dije a Jesús: «No, yo no quiero que ni mi vida, ni tampoco esta boda preciosa y hermosa con el hombre que amo, se quede así nada más. Quiero más, quiero que sea un evento único, quiero que haya flores, que sea en la playa, que haya música, vino, un gran pastel y que esté un pastor para bendecirnos. Quiero que se celebre». Finalmente, un año después de habernos casado por civil, Dios me regaló una fiesta. Así como lo hizo en la boda de Caná: la novia ni el novio sabían que se había acabado el vino y la fiesta estaba por estropearse, pero el Señor les regaló una nueva celebración. Y a Víctor y a mí también.

Un día, Víctor me dijo: «Rebeca, ¿sabes que hay

un concurso en el que están buscando a personas que se van a casar, y les están regalando la fiesta de bodas, porque están celebrando los 100 años de la ciudad de Miami Beach?». Al final, fuimos escogidos para que nos dieran ese regalo maravilloso. ¿Te puedes imaginar? La ciudad de Miami Beach cumplía 100 años, y entre las celebraciones que ellos decidieron hacer fue obsequiar una fiesta de bodas en la playa para personas del área. Y por gracia de Dios, nosotros fuimos los elegidos.

Fue un lunes. No un sábado ni un viernes por la noche. Víctor pidió permiso en su trabajo porque literalmente aún no sabíamos si nosotros estábamos listos. Yo igual tenía mi vestido y mi ramo. La verdad, yo sí lo estaba. Pero el novio todavía estaba pensándolo. Le dieron permiso ese mismo día y fuimos a nuestra boda, en el mar, en Miami Beach.

De hecho, al día de hoy, Víctor continúa conservando las fotos de nuestra boda, donde el Señor nos regaló el pastel, las flores más lindas y los mejores arreglos. Además, el alcalde de Miami Beach también estuvo en nuestra boda y fue quien la ofició al lado de un pastor evangélico muy elegante, muy conocido en todo Estados Unidos, que ha casado a personas muy famosas.

Es importante que sepas que cuando tienes una decepción en la vida, puedes orar. No tienes que esperar diecisiete años más. En cambio, también puedes pedir: «Señor, ven a mi experiencia, ven a mi frustración, ven a esta situación que no salió naturalmente como debía ser. Si vienes, harás algo sobrenatural». Es mejor orar y esperar que sea Dios en su divino amor y misericordia que te diga: «Este es el momento». En las bodas de Caná, cuando los discípulos pudieron ver que Jesús tiene el poder sobre la naturaleza para cambiar nuestras experiencias decepcionantes. A través de esta enseñanza, yo dije: «Señor, ayúdame». Especialmente, porque estaba leyendo sobre muchos detalles acerca de esta historia, y todo el mundo habla acerca de qué significa el vino, que si las vasijas eran para lavarse las manos, y todo ese asunto, que sí, que lo dice el texto; pero es interesante que en la Nueva Traducción Viviente, uno de los comentaristas de este pasaje también nos habla un poquito acerca del milagro, y detalla la emoción del maestro de ceremonias, y seguramente de los discípulos, en el versículo 10, porque a veces como seres humanos los sentimientos nos hablan muy fuerte. De hecho, en el versículo 11 dice que cuando los discípulos vieron el milagro de Jesús, creyeron en Él. Dicho milagro mostró su poder sobre la naturaleza y reveló en qué consistiría su ministerio.

Ahora bien, es posible que te preguntes en qué consiste que Jesús se preocupe por la comida o la bebida, ayude a los demás, hable con autoridad y se relacione con las personas. Pues bien, resulta que los milagros no solamente son sucesos sobrenaturales, sino que a su vez son hechos que muestran el poder de Dios. Los milagros son hechos que muestran el poder de Dios cuando lo natural sale mal. Lamentablemente, como creyentes estamos muy acostumbrados a que los milagros por lo general sean de sanidad. En particular, porque en estas situaciones nosotros no podemos hacer mucho. En cambio, cuando se trata de otras circunstancias no referentes a la sanidad física, nosotros insistimos: «Yo lo puedo hacer y mientras tanto, yo lo puedo soportar». Como Pedro, nos quedamos toda la noche, sin dormir y sin pescar nada porque no invitamos a Jesús a nuestra barca ni a la fiesta.

Casi todos los milagros que Jesús realizó fueron una renovación de la creación caída. Por ejemplo, la vista a los ciegos, hacer caminar a los cojos o resucitar a los muertos. ¡Cree en Cristo! Él no es un superhombre, es Dios renovando Su creación en nosotros que somos pobres, débiles, lisiados, huérfanos, ciegos, sordos y con necesidades desesperantes.

SOLUCIONES SOBRENATURALES

Recientemente he estado escuchando a muchas personas de nuestra comunidad, líderes, amigas, autoras, que atraviesan situaciones en las que el gozo de la vida corre un enorme peligro. Algunas han tenido que experimentar la pérdida de seres queridos, otras personas se han enfermado, algunas están pasando por mucho trabajo, mucho estrés, y parece que el gozo de la vida se va. No obstante, cuando esto pasa, haz como esta mujer, esta novia que invitó a Jesús a su boda. Mira a Jesús y espera de Él un milagro sobrenatural. Nunca te decepciones de Dios. En esta fiesta, Jesús dijo: «Yo no soy responsable de lo que está ocurriendo», pero Él puede llegar a tu fiesta a hacer el milagro.

Otra enseñanza que podemos resaltar es que, **al no cumplirse las expectativas naturales, Jesús puede resolver cualquier problema con soluciones sobrenaturales.** En este ejemplo, Dios hizo una transformación formidable, convirtiendo el agua de purificación en el vino más *gourmet* de la fiesta.

Un vino significa alegría. No es necesario que seamos grandes eruditos y estudiosos de la Biblia para entender que el vino, en este caso, simboliza la alegría. También vemos que este primer milagro, implicó obediencia y esperar. Implicó una parte humana. Muchas veces, como por ejemplo, nuestra fiesta de boda supuso lo mismo. De mi parte, la celebración requirió esperar un año. Mientras que de parte de Víctor, fue necesario obedecer y decir: «No, sabes qué, yo voy a creer. Voy a creer que este es el regalo de Dios, y vamos a ir con la cámara en mano, tomar las fotos y recibir todos los regalos que el Señor tiene para nosotros. Porque si la fiesta no se pudo realizar antes, esta fiesta que se preparó con tanto detalle hoy será para nosotros».

Para recibir los milagros del Señor, a veces será necesaria nuestra obediencia y paciencia. Todo lo hace

Dios; y los momentos de decepción son el marco perfecto para conocer quién es Jesús: aquel que derrotó a todos nuestros enemigos de forma aplastante y los mandó (a ellos) a la vergüenza eterna.

CONCLUSIÓN:

A través de esta reflexión podemos llegar a la conclusión de que las decepciones vienen cuando algo no sale como quisiéramos o en el tiempo que quisiéramos. Cuando las cosas no suceden en el momento en que las esperamos, nos terminamos decepcionando, y la decepción es un enemigo de la vida plena.

Indudablemente, la ausencia de vino en una boda de siete días habría sido fatal. Y a veces, así también nos sucede a nosotros en nuestros negocios, con nuestras relaciones o en nuestro matrimonio. Los momentos en que cargamos con decepción implican la pérdida del gozo de la vida; y cuando esto sucede, debemos mirar a Jesús.

Sabes, las frustraciones del pasado —o del día a día— pueden robar tu alegría de ser madre, disfrutar el ser la dueña de tu negocio o regocijarte al participar de tu llamado; y podrías acostumbrarte a vivir con esos sentimientos agobiantes. Las frustraciones colocan un peso sobre ti y hacen que en algún momento decidas resignarte a vivir sin deleite o incluso decidir no ir por el plan de Dios y darte completamente por vencida.

Por esto que quiero animarte a que tomes la acción correcta porque es lo único que hará que cambie la emoción que sientes.

1. Si la agonía o angustia que trajeron las experiencias pasadas te hacen desfallecer, decide recibir la alegría y ánimo que Dios te ofrece.

2. Si el desaliento te quita el brío y el valor para arrojarte a tus sueños y debilita tu fe, decide volver a creer y actuar con entusiasmo y denuedo.

3. Si la consternación o el desánimo te deja con pesadumbre para continuar, y llevas una congoja interna, privada y desfalleces, decide recibir aliento y actuar nuevamente con decisión.

4. Si sientes temor al enfrentar una tarea debido a las frustraciones del pasado, y te agobias que deseas claudicar, decide mantenerte en esperanza y determinación.

5. Si sientes aprehensión, recelo y sosiego que te paraliza a volver a ser intrépida porque, debido a las frustraciones, te cansaste; decide recibir Su entusiasmo.

6. Si por el pesar, no te arrojas con confianza e ilusión a tu porvenir, decide recibir su consuelo y comienza a caminar en fe.

7. Si el miedo te trae impide accionar, decide por la de y el esfuerzo.

8. Si el temor a tomar riesgos se convierte en apatía, decide amar a Dios y tomar Su asignación con tranquilidad.

9. Si te hace falta valentía para ir por tu sueño, recuerda sus promesas y ve con osadía y el gran alivio de que no vas sola.

10. Si sientes el miedo paralizante de enfrentar el nuevo día, decide que solo con gallardía se puede vivir feliz y que con fe harás actos de heroísmo para Su gloria.

Josué pasó 40 años en el desierto con un pueblo que decidió no entrar a la tierra prometida. Esto podría haber sido una experiencia frustrante, pero cuando llegó el momento para caminar con un nuevo grupo hacia la tierra prometida, Dios le dijo a Josué:

«Sé fuerte y valiente, porque tú serás quien guíe a este pueblo para que tome posesión de toda la tierra que juré a sus antepasados que les daría. Sé fuerte y muy valiente. […] Mi mandato es: "¡Sé fuerte y valiente! No tengas miedo ni te desanimes, porque el Señor tu Dios está contigo dondequiera que vayas".» Josué 1: 7, 9 (NTV)

Dios le dijo a Josué que no tenía que ser como Moisés, y que el plan tampoco sería el mismo, pero que estaría con él así como estuvo con Moisés.

Más de una vez le encomendó ser fuerte y valiente; y en nuestro caso, esto implica que tú y yo obedezcamos a Dios. Es tener una nueva actitud y dejar de vivir por estos sentimientos con los que tal vez nos acostumbramos a vivir después de pasar un momento frustrante. Esta es una nueva forma de vivir que se puede aprender y comienza con dar pequeños pasos.

Por mi parte, las frustraciones que viví en mi pasado hacían que yo le temiera al futuro y lo veía con desesperación y cierto disgusto y apatía, y comencé a murmurar y quejarme en lugar de vivir agradecida. Descubrí que esto le quita el buen sabor a la vida, no hay diversión. Pero Dios me ha llamado a volver a la dulce ocupación de vivir con Su gozo, y es por esto que estoy emocionada de compartir todo esto contigo, porque cuando las cosas no se dan como esperábamos, podemos estar seguros de que Él ya tiene un plan B y este puede ser mejor que tu plan A: ve y tómalo.

Capítulo 2
SALUD EN LUGAR DE ENFERMEDAD

En el capítulo anterior estudiamos lo que se considera fue el primer milagro que Jesús hizo aquí en la tierra, el cual se encuentra en el Evangelio de Juan. También conocimos por medio de esta señal milagrosa que Jesús realizó en las bodas de Caná, cuál era el enemigo que Él vino a destruir y a derrotar en nuestras vidas. Como mencionamos, la fiesta estuvo a punto de acabarse para los novios y los invitados; sin embargo, el Señor nos muestra que Él vino a derrotar y ser vencedor sobre esos enemigos que al día de hoy continúan presentándose en nuestras vidas: las decepciones, las tristezas y la frustración.

En este segundo capítulo estaremos meditando acerca de otro enemigo derrotado por Jesús cuando caminó en la tierra: ¡la enfermedad! El evangelio de

Juan termina diciendo que Jesús hizo muchas señales; pero el escritor decidió escoger solo algunas para que nosotros podamos creer que Jesús es el hijo de Dios. Por esta razón, a lo largo de este libro nosotros vamos a leer y meditar en el evangelio de Juan con la misma intención que tenía el escritor cuando él plasmó tales hechos. Así que, cuando Juan dice "una señal", está escribiendo con le propósito que él mismo nos revela al final, su razón de escribir este libro completo, mostrar las señales que demuestran que Jesús es el Cristo, el Mesías prometido, de que él es el hijo de Dios, de que podemos creer y podemos tener vida en él.

Antes, deseo que volvamos a mirar Salmos 78, el cual resume el trabajo del Mesías en la tierra: Derrotar a todos nuestros enemigos de forma aplastante. Esto lo hacemos ya que necesitamos entender que Jesús es el mismo ayer, hoy y por los siglos. Dios, nuestro Padre, ha tenido siempre la misma intención desde el principio. De hecho, todas las Escrituras trabajan juntas y lo podemos ver claramente cuando le pedimos al Señor la sabiduría para poder verle a El y a su plan mientras meditamos en Su Palabra.

VOLVER A PONER NUESTRA CONFIANZA EN DIOS

Este Salmo 78 es muy importante, sobre todo para las que somos madres. En este capítulo podemos observar una asignación de gran relevancia. Nos dice que las historias que hemos oído y conocido, que nos transmitieron nuestros antepasados, no las debemos ocultar a nuestros hijos. Más bien, debemos contarles acerca de las gloriosas obras del Señor, de Su poder e imponentes maravillas.

¿Para qué hacer esto? El versículo 7 dice: «De modo que cada generación volviera a poner su esperanza en Dios». Repite esa palabra: «esperanza en Dios». Eso es lo que Dios quiere: que tú y yo podamos poner nuestra esperanza en Él. Esto es justamente lo que vamos a hacer en este libro, al estudiar Su Palabra vamos a volver a poner nuestra confianza en Dios.

«De modo que cada generación volviera a poner su esperanza en Dios y no olvidara sus gloriosos milagros, sino que obedeciera sus mandamientos. Entonces no serán obstinados, rebeldes e infieles como sus antepasados, quienes se negaron a entregar su corazón a Dios». Salmos 78: 7-8

Entonces, ¿qué es lo que Dios quiere? Que nosotros coloquemos nuestra esperanza en Él. Que le entreguemos nuestro corazón. Eso es lo que Dios anhela. Dios conoce el daño que el pecado trajo a nuestra vida mucho mas profundamente de lo que nosotros mismos estamos conscientes y necesitamos a Dios para restaurar todo lo perdido. A través de todas estas historias de Su palabra, vemos que Dios quiere que cada generación vuelva a colocar su confianza en Él. Por lo tanto, como padres tenemos la asignación de contarles a nuestros hijos las grandes maravillas que Dios ha hecho en nuestras vidas para que ellos vuelvan a depender de Dios.

Desafortunadamente, Salmos 78:32 dice que el pueblo siguió pecando y que a pesar de sus maravillas se negaron a confiar en Él. Sin lugar a duda, esto entristeció el corazón de Dios. Después podemos ver que la Biblia nos dice: «Y entristecieron su corazón en esa tierra seca y baldía». Los israelitas entristecieron el corazón de Dios en el desierto. Una y otra vez pusieron a Dios a prueba.

Si continuamos leyendo este salmo, podemos ver qué es lo que aumentó el enojo de nuestro Padre Celestial:

«—*Dios no puede darnos comida en el desierto. Por cierto, puede golpear una roca para que brote agua, pero no puede darle pan y carne a su pueblo.Cuando el Señor los oyó, se puso furioso; el fuego de su ira se encendió contra Jacob. Sí, su enojo aumentó contra Israel, porque no le creyeron a Dios ni confiaron en su cuidad*o».

Salmos 78: 20-22

No seamos como los israelitas que en medio de su situación hablaron en contra de Dios, en cambio, obedezcamos y honremos a Dios en medio de las situaciones. El es bueno y El Señor desea que creamos en Él, que coloquemos nuestra esperanza en Su bondad y poder, que confiemos nuestra vida y situaciones a Su cuidado.

JESÚS DERROTA LA ENFERMEDAD. DIOS DESEA QUE TENGAMOS SANIDAD

Al final del evangelio de Juan podemos ver lo siguiente:

«*Los discípulos vieron a Jesús hacer muchas otras señales milagrosas además de las registradas en este libro. Pero estas se escribieron para que ustedes continúen creyendo que Jesús es el Mesías, el Hijo de Dios, y para que, al creer en él, tengan vida por el poder de su nombre*».
Juan 20: 30-31

Podemos afirmar que en este pasaje no solamente se está hablando de la vida eterna. En especial, porque Juan 10:10 dice que el propósito de Jesús es que tengamos una vida plena y abundante. Por lo tanto, no solo se refiere a la vida eterna, sino que también está hablando de la vida terrenal. Entonces, una de las cosas que el Señor quiere que tengamos es salud. Sanidad en nuestro cuerpo, pero también en nuestra alma y en nuestra mente.

En el capítulo 4 del evangelio de Juan, a partir del versículo 43, podemos ver una segunda señal milagrosa, la historia acerca de cómo Jesús sana al hijo de un funcionario. Este es uno de los milagros que nos enseña que Él desea derrotar al enemigo que se manifiesta en la vida en forma de enfermedad.

Con relación a este tema, desde hace un tiempo he estado orando por una amiga muy especial para mí. He estado intercediendo por ella y también por su hija. Dios me ha permitido ser testigo lejano de su historia. Ella entró al hospital con la esperanza de sanidad; sin embargo, a pesar de ser atendida por el mejor cirujano, la operación no funcionó. No obstante, cuando yo hablaba con Dios sobre este incidente, Él me recordaba tres puntos muy importantes relacionados con estas dos valiosas mujeres.

En primer lugar, mientras su madre esperaba, veía a muchos niños enfermos sufriendo o muriendo. Frente a esto, ella oró e intercedió por ellos todo ese tiempo. Su actuar glorificó a Dios. En segundo lugar, cuando yo estuve hablando con ella, Dios me dijo que Él haría aquello que le trajese más gloria. Esto significa que Él no ha terminado. Esta es solo una situación. No es la vida completa. En tercer lugar, ellas tienen una gran ventaja en comparación con muchas otras personas.

El Señor me recordó cuán bendecidos somos al tenerlo a Él a nuestro lado. Lamentablemente, muchas personas entraron a ese hospital solas y muchas otras salieron sin compañía. En cambio, la bendición es que al entrar y al salir del hospital, mi amiga y su hija no estaban solas. Ellas tienen una relación con nuestro Padre Celestial, y Él las acompaña.

LA SEGUNDA SEÑAL MILAGROSA DE JESÚS

En esta experiencia llamada vida, muchas veces tenemos expectativas. En Juan 4:46 podemos ver que sucedía exactamente lo mismo con el funcionario de gobierno que se acercó a Jesús. Él también tenía ideas de cómo quería que sucedieran las cosas.

«Pasados los dos días, Jesús siguió camino a Galilea. Él mismo había declarado que un profeta no recibe honra en su propio pueblo. Sin embargo, los galileos lo recibieron bien, porque habían estado en Jerusalén durante la celebración de la Pascua y habían visto todo lo que él hizo allí». Juan 4:43-45

En su paso por Galilea, Jesús llegó a Caná, donde había convertido el agua en vino. Pero en esta ocasión, Él estaba a punto de realizar su segunda señal milagrosa en esa misma ciudad. ¡Qué hermoso!, ¿verdad?

«Cerca de allí, en Capernaúm, había un funcionario de gobierno que tenía un hijo muy enfermo. Cuando supo que Jesús había ido de Judea a Galilea, fue a verlo y le rogó que se dirigiera a Capernaúm para sanar a su hijo, quien estaba al borde de la muerte.

Jesús le preguntó:
—¿Acaso nunca van a creer en mí a menos que vean señales milagrosas y maravillas?

—Señor, por favor—suplicó el funcionario—, ven ahora mismo, antes de que mi hijito se muera.

Entonces Jesús le dijo:
—Vuelve a tu casa. ¡Tu hijo vivirá!
Y el hombre creyó lo que Jesús le dijo y emprendió el regreso a su casa.

Mientras el funcionario iba en camino, algunos de sus sirvientes salieron a su encuentro con la noticia de que su hijo estaba vivo y sano. Él les preguntó a qué hora el niño había comenzado a mejorar, y ellos le contestaron:

—Ayer, a la una de la tarde, ¡la fiebre de pronto se le fue!

Entonces el padre se dio cuenta de que la sanidad había ocurrido en el mismo instante en que Jesús le había dicho: "Tu hijo vivirá". Y tanto él como todos los de su casa creyeron en Jesús. Esa fue la segunda señal milagrosa que hizo Jesús en Galilea al volver de Judea». Juan 4:46-54

EL SIGNIFICADO DE LOS ACONTECIMIENTOS

La intención de Juan no era solamente contar los acontecimientos, sino el significado de estos. Por lo tanto, nosotros vamos a buscar el significado de esta segunda señal milagrosa.

Una de las frases que más me llama la atención es cuando Jesús le hace una pregunta a este hombre: «¿Acaso nunca van a creer en mí, a menos que vean señales milagrosas y maravillosas?» Esta frase sentida de parte de Dios nos enseña que **creer es más importante que ver**. Esta palabra también es para ti. Sin importar qué situación estás pasando, recuerda que creer es más importante que ver.

Ahí está unido la intención que el apóstol Juan tiene referente a escribir este libro. Recuerda, ¿qué quiere él hacer por medio de este libro? Que nosotros podamos *Creer Sin Ver*, en él. Entonces *Creer* es más importante que *Ver*. *Aquellos que estaban con Jesús al momento de hacer señales, Jesús les desafió: ¿Será que podrán* Creer en mí, a menos que vean señales?. De ahí la importancia de esta frase, la fe que hoy nos mueve a ir a Dios, en petición, es porque creemos en Él aunque no lo hemos visto y vamos a verle por medio de las maravillas que hace en nuestro favor. Este hombre de la historia tuvo fe porque la fe nos mueve a esta primera acción: Ir a Dios.

EL PODER DE LA FE

Este funcionario tuvo fe. Podemos ver que él no era del pueblo de Israel. Probablemente era un funcionario de Herodes. Pero vemos que su fe lo empujó a ir a Dios en petición. La primera obra de fe de este hombre fue ir. Moverse en petición a Dios. Cuando él supo que Jesús había ido a Galilea, fue a verlo porque sabía que Él estaba allí. Por lo tanto, lo primero que nosotros debemos hacer cuando nos movemos en fe es ir a Dios en oración.

Ahora bien, tal vez el segundo paso que nosotros damos cuando vamos a Jesús en fe y en oración es lo mismo que hace este funcionario: le decimos al Señor exactamente cómo debe hacerse el milagro. ¿Verdad?

Yo me identifico muchísimo con él, en particular porque como jefe de proyectos, me enseñaron que no podía ir al presidente de la empresa a decirle solamente: «Tenemos un problema», también necesito plantearle una, dos o tres posibles soluciones. Y tal vez este funcionario era igual. Posiblemente él pensaba que lo mejor era diseñar un plan para indicarle a Jesús cómo sanar a su hijo.

De hecho, a veces nosotros tenemos esa costumbre natural, humana, que resulta y funciona. Una costumbre necesaria en este mundo, pero que no siempre funciona con Jesús. El funcionario le dijo: «Ven ahora mismo, antes de que mi hijito se muera». Esto indica que él no estaba pensando en una resurrección; más bien, él simplemente le dio a Jesús las instrucciones basadas en cómo podía ver ese milagro. Pero tenemos que entender y creer que las cosas se van a hacer a la manera de Jesús.

LLEVA TODO A DIOS EN ORACIÓN

Pensar que hay cosas que no necesitamos llevar a Dios en oración es un gran engaño del enemigo. A veces pensamos: «¿Cómo voy a llevar eso a Dios? ¡Eso tengo que hacerlo yo misma!». Pero en verdad necesitamos llevar todo a Dios en oración, ¡todo! El Señor nos dice «Pedid y se os dará». Por lo tanto, dejar todo en sus manos, el reconocer que lo necesitamos, es un acto de humildad. Pensar «¿Cómo le voy a pedir eso a Dios?», refleja orgullo. Dios resiste a los orgullosos, pero le da gracia a los humildes. Y humildad es llevarle todo a Dios y después obedecer lo que Él dice que hagamos.

LA MANERA EN QUE JESÚS HIZO EL MILAGRO TRAJO MÁS GLORIA A DIOS

«Señor, por favor—suplicó el funcionario—, ven ahora mismo, antes de que mi hijito se muera.
Entonces Jesús le dijo:
—Vuelve a tu casa. ¡Tu hijo vivirá!»
Juan 4:49-50

Aquí el Señor le estaba diciendo: «Yo voy a hacer un milagro; tu hijo vivirá; vuelve a tu casa». Una enseñanza que podemos ver aquí es que el Señor hace los milagros en la manera que le trae más gloria a Su nombre; y fue exactamente lo que Jesús hizo con este funcionario. Él tenía que activar su fe, no solamente para ir a Jesús, sino también para creer en Su palabra cuando le dijo que ya había actuado a su favor, y aún no lo había visto con sus ojos.

Por otra parte, esto nos da esperanzas a nosotros que estamos leyendo este capítulo y que no tenemos a Jesús en carne y hueso aquí. Nos muestra que **no hay límites de espacio; que Jesús puede sanar aún cuando no está físicamente en un lugar.** Él no tuvo que ir y tocar al hijo del funcionario; Sus palabras fueron las que sanaron. Su palabra es la que tiene poder.

Tal vez en el día de hoy, y Él te dice: «Vuelve a tu casa, tu hijo vivirá». Tú puedes creer esa palabra. ¡Está escrita! Jesús es el mismo ayer, hoy y por los siglos.

¿POR QUÉ JESÚS HIZO ESTE MILAGRO DE ESA MANERA?

Posiblemente Él no hará el milagro tal como tú lo imaginaste o pensaste. Jesús hará el milagro de la manera que traiga más gloria a Dios. Por ejemplo, en mi caso, el Señor no me arregló el crédito para mi casa, sino que me la regaló; y después arregló mi crédito.

Volviendo a la historia, quizá el funcionario pensó: «Tal vez llegue a mi casa y mi hijo empezará a mejorar...

tal vez va a haber un proceso y la sanidad será gradual». Pero dice la Palabra que en el mismo instante que Jesús le dijo: «Tu hijo vivirá», él comenzó a mejorar.

Quiero hacer énfasis en esto: **Jesús sana para que vivamos para contar, para testificar, para ser ejemplo y testigos para que otros puedan creer.** Y si Dios hizo eso en tu vida, entonces no te preguntes cómo o cuándo lo hizo: es suficiente entender por qué lo hizo. En primer lugar, para traer más gloria a Él.

UN NUEVO MILAGRO DE SANIDAD

Si seguimos leyendo el libro de Juan, en el capítulo 5 podemos ver que Jesús sana a un hombre cojo.

«Después Jesús regresó a Jerusalén para la celebración de uno de los días sagrados de los judíos. Dentro de la ciudad, cerca de la puerta de las Ovejas, se encontraba el estanque de Betesda, que tenía cinco pórticos cubiertos. Una multitud de enfermos—ciegos, cojos, paralíticos—estaban tendidos en los pórticos. Uno de ellos era un hombre que hacía treinta y ocho años que estaba enfermo. Cuando Jesús lo vio y supo que hacía tanto que padecía la enfermedad, le preguntó:

—¿Te gustaría recuperar la salud?

—Es que no puedo, señor—contestó el enfermo—,

porque no tengo a nadie que me meta en el estanque cuando se agita el agua. Siempre alguien llega antes que yo.

Jesús le dijo:
—¡Ponte de pie, toma tu camilla y anda!
¡Al instante, el hombre quedó sano! Enrolló la camilla, ¡y comenzó a caminar!»
Juan 5:1-9

Una de las cosas que más me impresiona en esta otra señal de sanidad, es que había una multitud de enfermos, ciegos, cojos y paralíticos que estaban tendidos en los pórticos. ¡Algo muy parecido a lo que sucedió cuando mi amiga entró al hospital! Esto nos indica que esta sanidad ocurrió de esta manera porque trajo mayor gloria a Dios.

«Pero ese milagro sucedió el día de descanso, así que los líderes judíos protestaron. Le dijeron al hombre que había sido sanado:

—¡No puedes trabajar el día de descanso! ¡La ley no te permite cargar esa camilla!

Pero él respondió:
—El hombre que me sanó me dijo: "Toma tu camilla y anda".
—¿Quién te dijo semejante cosa?—le exigieron.
El hombre no lo sabía, porque Jesús había

desaparecido entre la multitud; pero después, Jesús lo encontró en el templo y le dijo: "Ya estás sano; así que deja de pecar o podría sucederte algo mucho peor". Entonces el hombre fue a ver a los líderes judíos y les dijo que era Jesús quien lo había sanado.

Entonces los líderes judíos comenzaron a acosar a Jesús por haber violado las reglas del día de descanso. Pero Jesús respondió: "Mi Padre siempre trabaja, y yo también".

Entonces los líderes judíos se esforzaron aún más por encontrar una forma de matarlo. Pues no solo violaba el día de descanso sino que, además, decía que Dios era su Padre, con lo cual se hacía igual a Dios.

Entonces Jesús explicó: Les digo la verdad, el Hijo no puede hacer nada por su propia cuenta; solo hace lo que ve que el Padre hace. Todo lo que hace el Padre, también lo hace el Hijo, pues el Padre ama al Hijo y le muestra todo lo que hace. De hecho, el Padre le mostrará cómo hacer cosas más trascendentes que el sanar a ese hombre. Entonces ustedes quedarán realmente asombrados».

Juan 5:9-20

En estos versículos podemos observar que Jesús empieza a hablar y a asegurarles que Él es el hijo de Dios. También vemos que había muchos enfermos; sin embargo, Jesús no los sanó a todos. En cambio, sí se acercó a un hombre que no lo conocía. Sin dudas, esta es una gran esperanza para nosotros.

A veces, Jesús puede llegar cuando estás enfermo y tú no lo conoces, pero a través de ese mal lo empiezas a conocer. ¿Por qué? Porque Él te sana y alguien más tuvo fe y oró por ti, y tú a través de esa sanidad conoces a Jesús como sanador. Pero luego el mismo Jesús se te acerca y te dice: «Ahora necesitas conocer a un Jesús Salvador. Ve y no peques más, necesitas ser salvo también de tus pecados, para que no te suceda algo mucho peor».

En ocasiones, las cosas que nos suceden son consecuencia de nuestras acciones. De hecho, en el libro de Juan tenemos el ejemplo de una persona que fue ciega de nacimiento. Ahora bien, como el Señor conocía la vida de este hombre, le aconsejó que no pecara más.

Por otra parte, podemos ver que Él hizo este milagro en el día de reposo, y además le dijo que se levantara y que tomara su camilla. ¿Por qué? Porque el Señor quería mostrar Su gloria. Él sabía que las personas que estaban allí iban a protestar y decir: «¿Quién es este?». A lo que el hombre que recibió la sanidad respondió: «No tengo ni idea quién es, pero cuando yo sepa, vengo y les cuento».

ÉL TIENE UN PROPÓSITO MAYOR

En este capítulo nos damos cuenta de que cuando Jesús se le acerca y le pregunta: «¿Quieres ser sano?», el hombre le dice: «Mira, no, espérate, la forma en que yo voy a ser sano es así, así y así...». Esto nos muestra la expectativa que a veces podemos tener acerca de cómo es que va a venir la sanidad. Incluso, en ciertas ocasiones podemos llegar a pensar que nuestra situación no tiene solución. Sin embargo, el Señor decide sanarnos, y cuando Él lo hace, es porque tiene un propósito mayor. Si seguimos leyendo el libro de San Juan podemos ver ese propósito mayor ya que más adelante, Jesús dijo: «Cosas más asombrosas que estas van a ver».

JESÚS ES EL MESÍAS

Si bien era día de reposo, fue el marco perfecto para que Jesús pudiera decirles que tenía un testigo aún más importante que el testimonio que Juan el bautista les había presentado con anterioridad mientras vivía: sus enseñanzas y milagros.

Jesús estaba diciendo «Juan habló de mí, Juan el Bautista habló de mí, pero sabes qué, ahora mismo yo tengo un testigo más importante de quién soy, de que Yo soy el Mesías, ese testigo son mis enseñanzas y mis milagros», exactamente lo que el apóstol Juan quiere que tu y yo entendamos por medio de este evangelio, que nosotros entendamos que Jesús es el Mesías prometido.

«El Padre me dio estas obras para que yo las realizara, y ellas prueban que él me envió. El Padre mismo, quien me envió, ha dado testimonio de mí. Ustedes nunca han oído su voz ni lo han visto cara a cara, y no tienen su mensaje en el corazón, porque no creen en mí, que soy a quien el Padre les ha enviado. Ustedes estudian las Escrituras a fondo porque piensan que ellas les dan vida eterna. ¡Pero las Escrituras me señalan a mí! Sin embargo, ustedes se niegan a venir a mí para recibir esa vida».
Juan 5:36-39

En definitiva, podemos ver que lo que dice esta porción de la Palabra en parte se asemeja a Salmos 78. Es la misma actitud. Cuando Jesús dice las escrituras hablan de mi, se refiere precisamente a lo profetizado en el antiguo testamento lo cual incluye esta profecía en el Salmo 78 que nos dice que el Señor, el Mesías vendría a hacer señales, enseñanzas, milagros, a derrotar a todos nuestros enemigos de forma aplastante. Esto es los mismos enemigos que Dios derrotó en frente de los ojos de sus antepasados en el desierto: las frustraciones de la vida, el hambre, la sed, la escases, la enfermedad, así es como las escrituras señalan a Jesús, «Sin embargo ustedes se niegan a venir a mí para recibir esa vida»

Los líderes judíos estaban teniendo exactamente

la misma actitud que tenía el pueblo de Israel hacia Jesús. Se negaban a ir a Él para recibir la vida plena y abundante.

No hagas lo mismo. Acércate a Jesús y entrégale tu enfermedad. El Señor se levantó y destruyó a todos nuestros enemigos de forma aplastante, y el enemigo que estamos estudiando ahora es la enfermedad. **¡Jamás te resignes! Más bien, ríndete a Su voluntad, y di: «Señor, lo que te traiga más gloria a ti».**

TENEMOS QUE VIVIR UNA VIDA DE RENDICIÓN

El Señor me estuvo recordando una profecía que había recibido cuando era muy joven. La verdad es que no estaba buscando profecías, solo estaba tratando de ayudar a un amigo que había llegado a Cristo a través de mi testimonio.

Mi amigo siguió leyendo las Escrituras y creía en un Dios de milagros; por ello, me invitó a asistir a un lugar. Resultó que en ese lugar había una persona y todos estaban ahí porque querían escucharla, excepto yo. Yo no quería escuchar nada. Pero ella no le habló a nadie sino a mí, y me dijo: «Sabes, tú eres un Daniel; tú vas a escribir muchos libros». Había estudiado la vida de Daniel y me preguntaba qué tenía que ver. Conozco la vida de Daniel, y en la Biblia no vemos que haya escrito muchos libros.

El día que el Señor me entregó mi primer libro y me permitió publicarlo, *Un minuto con Dios para parejas*, fui contenta a mostrárselo a mi familia. De pronto, cuando iba a bajar del carro prendí la radio y escuché a un pastor. Su nombre es David Jeremiah, y es un gran maestro bíblico. En ese momento él dijo que para empezar a estudiar la vida de Daniel debemos ir al historiador Josefus. Él es un historiador que experto en esa época, y dijo que Daniel escribió muchos libros que muestran que llegó a conocer bien a Dios. ¡Increíble!, casi me hizo llorar. Sin embargo, algo interesante que podemos ver en la vida de Daniel es que no tenemos que vivir una vida de resignación, sino de rendición. Si algo aprendemos de él es eso. Daniel era un joven que, para poder llegar a su destino, fue sacado de su tierra, y no de cualquier manera. Tuvo que aprender otro idioma y además fue eunuco. Pero inclusive frente a esto, Daniel no se resignó. Su destino era escribir todos esos libros. Ser eunuco simplemente fue parte de su vida. Por si esto fuera poco, tuvo más batallas en la vida, incluyendo el hecho de que estuvo en el foso de los leones; y allí, a él no le dijeron: «¡Eunuco Daniel!» o «¡Daniel, eunuco!» No. ¿Qué fue lo que le dijo el rey? **«Daniel, siervo del Dios viviente»**. **No vemos en él resignación, sino rendición al plan de Dios.**

Muchas veces las personas me dicen: «**No seguir orando por un hijo biológico significa que te estás resignando. Es falta de fe**». Pero yo digo: «Señor, lo que traiga más gloria a tu nombre. Si la adopción va a traer más gloria a tu nombre, pues yo acepto eso».

Y más allá de todo, el héroe de cada una de estas historias es Él. El protagonista del libro de Juan es Jesús. Además, la razón por la cual este libro está escrito está bien señalada en esta porción de la Biblia:

«Los discípulos vieron a Jesús hacer muchas otras señales milagrosas además de las registradas en este libro. Pero estas se escribieron para que ustedes continúen creyendo que Jesús es el Mesías, el Hijo de Dios, y para que, al creer en él, tengan vida por el poder de su nombre».
Juan 20:30-31

¿Puedes hacer eso en este día? Te invito a que creas en Jesús. Si tienes vida es porque Jesús tiene un propósito para ti. Por esta razón, debes entregarle tu ser y decir: «Señor, lo que traiga más gloria a ti, así como con Daniel. Tu obra va a ser una razón por la cual nosotros vamos a poder hablar de que tú eres el Cristo, el hijo del Dios viviente, y que en ti hay vida eterna».

Tenemos que estar sanos para prosperar en ese propósito que Dios tiene para nuestras vidas y hacer lo que dice el Salmo 78: recordarle a nuestros hijos y nietos todo lo que Dios ha hecho en nuestras vidas, porque esto trae gloria a su nombre. Esto nos ayuda a vivir en esperanza y a poner nuestra confianza en Él. El Señor quiere que nosotros creamos en Dios y que confiemos en Su cuidado porque creer es más importante que ver.

Todos necesitamos sanidad, y Jesús nos sana, no solamente sana nuestro cuerpo, sino también él sana nuestra mente, nuestra alma, de esas cosas que han dejado el pasado, las malas decisiones, las frustraciones, de manera que, al sanar, podamos prosperar en Su propósito. Dios tiene un propósito para tu vida mas allá de lo doloroso que estés pasando. Te invito a que te inscribas en nuestro mini curso, el cual he creado personalmente y que funciona como un retiro espiritual de forma virtual y privada. Puedes ver la información en este enlace: **RebecaSegebre.org/retiro**

Si tú estás vivo, viva, Jesús tiene un propósito para tu vida, y nosotros vamos a aceptar Su sanidad y entregar nuestras vidas a su servicio para traer gloria a Dios. Te comparto un testimonio de una de las amigas que han tomado este mini curso Sana y Próspera, ella dice que había estado pasando por muchos procesos, y transiciones fuertes, y el mini curso le ha sido muchísima bendición:

«Gracias, por dejarte usar por Dios. Este curso viene directamente de parte de Dios a mi vida, como un regalo, una muestra de su amor y su cuidado a mi persona, y definitivamente arranca de raíz muchas cosas que están estorbando, para que yo esté completamente sana y preparada para el propósito el cual Dios me llama, y estos eran estorbos que me impedían avanzar en mi camino, como persona, como hija de Dios, ahora después de mi segunda clase, donde he aprendido, he llorado, he perdonado, y he dejado ir el pesado, me siento liviana, libre, sé que me hace falta más, mucho más de esta bendición que estoy recibiendo aún en medio de un tiempo de tormenta, pero aprenderé a disfrutar y a gozarme contemplando lo que Dios me permite vivir para valorar mi sanidad, Dios te bendiga Rebeca».

OREMOS

Gracias, Señor, por esta palabra. Gracias por dejar escritos estos libros de la Biblia que nos muestran quién eres desde el principio; que no has cambiado, que eres el mismo y que tienes un deseo especial para nuestras vidas. Entendemos, Señor, que creer es más importante que ver, y vamos a creer.

Vamos a creer en ti. Vamos a creer que vas a hacer el milagro, no a nuestra expectativa, sino de la mejor manera. Es decir, de la manera que te traiga más gloria a ti. Vamos a seguir creyendo que tenemos una vida con propósito, y vamos a ser como Daniel. Nuestra vida será un ejemplo para nuestra generación. Ejemplo de que somos siervos tuyos, que tú eres el Dios del universo.

¡Gracias, Señor! Te damos gracias por este momento tan especial. Gracias por destruir y aplastar a todos nuestros enemigos, y también por llevártelos a la vergüenza eterna. Señor, gracias por darnos la vida eterna. Gracias, Padre, gracias por Jesús.

Oramos, Señor, con un corazón agradecido, un corazón expectante, porque no nos resignamos, sino que nos rendimos a Ti, para que Tu gloria sea manifestada a todos los demás. Amén.

Capítulo 3

ABUNDANCIA EN LUGAR DE ESCASEZ

Estudiaremos el capítulo 6 del evangelio de Juan, una porción de la Biblia que nos habla acerca de otro enemigo más que Jesús derrotó: ¡el enemigo llamado escasez!

«Después Jesús cruzó al otro lado del mar de Galilea, conocido también como el mar de Tiberias. Una gran multitud siempre le seguía a todas partes, porque veían las señales milagrosas que Él hacía cuando sanaba a los enfermos. Entonces Jesús subió a una colina, se sentó allí rodeado de sus discípulos».

¿Te los puedes imaginar? La colina, rodeado de sus discípulos, y el mar de Galilea.

«Faltaba muy poco tiempo para la fiesta judía de la Pascua».

Es decir, que había mucha gente, ya que personas de distintos lugares tenían la encomienda de volver a la ciudad cuando llegaban las fiestas.

«Enseguida Jesús vio que una gran multitud venía a su encuentro. Dirigiéndose a Felipe, le preguntó:
—¿Dónde podemos comprar pan para alimentar a toda esta gente?»
Juan 6:5

Los estudiosos nos dicen que Felipe era de este lugar; por lo tanto, si alguien podía contestar esa pregunta era él.

Más adelante, en el versículo 6 podemos ver que Jesús lo estaba poniendo a prueba, porque ya sabía lo que Felipe iba a hacer. Recordemos que él también era uno de los discípulos.

«Felipe contestó:
—¡Aunque trabajáramos meses enteros, no tendríamos el dinero suficiente para alimentar a toda esta gente!»
Juan 6:7

Aquí podemos ver que él ni siquiera responde: «Mira, en la tienda de la esquina venden pan. Está a 15 kilómetros de aquí, así que tendríamos que ir y luego regresar». Él solamente le dice a Jesús: «No tenemos el dinero para poder comprarle a todas estas personas».

Sin embargo, después de esto habló Andrés:

> «Entonces habló Andrés, el hermano de Simón Pedro:
> —Aquí hay un muchachito que tiene cinco panes de cebada y dos pescados. ¿Pero de qué sirven ante esta enorme multitud?»
> Juan 6:8-9

Probablemente la mamá del muchachito le dijo: «Sí. Puedes ir, pero tienes que llevarte comida. No sabes si la vas a necesitar, así que aquí está tu lonchera». Aunque como vimos, Andrés dijo: «¿Pero de qué sirven ante esta enorme multitud?». En otras palabras, estaba teniendo la misma actitud que Felipe.

Sin importar las respuestas de Felipe y Andrés, Jesús dijo: «Díganles a todos que se sienten». Así que todos se sentaron sobre la hierba en las laderas, solo contando a los hombres sumaban alrededor de 5000.

> «*Luego Jesús tomó los panes, dio gracias a Dios y los distribuyó entre la gente. Después hizo lo mismo con los pescados. Y todos comieron cuanto quisieron*».
> Juan 6:11

No sé tú, pero a mí me parece que esto es una palabra que significa abundancia. Donde hubo escasez, ahora hay abundancia.

«Después hizo lo mismo con los pescados. Y todos comieron cuanto quisieron. Una vez que quedaron satisfechos, Jesús les dijo a sus discípulos: "Ahora junten lo que sobró, para que no se desperdicie nada". Entonces ellos juntaron las sobras y llenaron doce canastos con los restos que la multitud había dejado después de comer de los cinco panes de cebada.

La gente, al ver la señal milagrosa que Jesús había hecho, exclamó: "¡No hay duda de que es el Profeta que esperábamos!". Cuando Jesús vio que estaban dispuestos a hacerlo rey a la fuerza, se escabulló hacia las colinas él solo». Juan 11:15

Aquí el Señor Jesús nos está diciendo cuál fue la reacción del pueblo al verle hacer esta señal. Esto nos da a entender que el enemigo que Jesús vino a derrotar aquí es la escasez.

Seguro que alguna vez te habrá pasado que has tenido que cocinar para tu familia y sabias que probablemente que lo que estás cocinando no alcanza para el número de personas que tienes que alimentar. Ya sea porque nadie ha podido ir al supermercado, porque has estado con poco tiempo, o porque en estos momentos estás pasando por una escasez financiera, y tienes tres hijos, cuatro hijos, y todos tienen que comer, o peor aún, encima tienes invitados. Pero tú te acuerdas de este niño y dices: «Señor, yo voy a ser como ese muchachito. Yo voy a creer que esto es suficiente»; y le entregas al Señor tu problema y Él hace un milagro.

MIS MOMENTOS DE ESCASEZ

A mí me sucedió algo parecido. Yo también pasé por momentos de escasez. Recuerdo observar una figurita representativa de Jesús con los panes, y el Señor me habló a mi corazón en ese momento y me dijo: «Rebeca, lo que tienes en tus manos es suficiente, si me lo entregas». Yo guardaba esa figurita por mucho tiempo en mi cartera diciendo: «Lo que tengo es suficiente si lo entrego en las manos de Dios».

Recuerdo una época en la que solo tenía mil dólares en mi cuenta. Y sabía que ese dinero no era suficiente para suplir lo que necesitaba. Estaba en un momento de carencia, así que entendí que lo tenía que entregar al Señor. Lo hice literalmente. Recuerdo que escuché a alguien en la televisión que estaba hablando acerca de un proyecto misionero, un proyecto hermoso que a mí me pareció increíble. Comprendí que tenía que entregar los mil dólares al Señor de manera práctica a ese ministerio. Y, sabes, logré ver milagros de parte de Dios en mi vida. Cuando lo entregué en sus manos, el Señor lo multiplicó.

También recuerdo que en un momento no tenía ni siquiera los mil dólares en el banco, pero tenía un carro que ya estaba pagado y estaba en una casa hermosa que Dios nos había regalado. Sin embargo, nos habíamos quedado sin trabajo, pues era una temporada difícil en donde las empresas empezaron a despedir a sus empleados; por lo que solamente era cuestión de tiempo para que nosotros perdiéramos esa casa o no pudiéramos pagarla.

Estaba sentada en esa casa enorme que tenía una biblioteca donde me encantaba leer la Palabra del Señor. Comencé a orar mirando por la ventana y vi mi carrito, y dije: «Si yo vendo este carro, tal vez obtendría como cuatro mil... eso me serviría para pagar dos meses de casa». Frente a esto, enseguida el Señor me habló: «¿Estás poniendo tu confianza en el carro o en mí?». Y yo dije: «No. No puede ser. Ahora el Señor quiere que confíe en Él y me entregue nuevamente, así como hice con aquellos mil dólares. Quiere que le entregue el carro. Aquello que yo pensaba que sería mi provisión». Después de esto, recuerdo que el Señor me guío a entregarle ese carro a alguien. ¿A quién? Pues sabes, yo he estado leyendo por mucho tiempo los salmos, y hay un salmo muy importante. Ese salmo dice:

«¡Qué alegría hay para los que tratan bien a los pobres!»
Salmos 41:1

El hijo de David, Salomón, también habla lo mismo acerca de darle a los pobres, cuando dice:

«Los que tapan sus oídos al clamor del pobre tampoco recibirán ayuda cuando pasen necesidad».
Proverbios 21:13

Frente a esto, yo decía: «¿Señor, dónde hay un pobre que está clamando? Porque yo sé que ahí es a donde tengo que ir y dar este carro». Y el Señor me mostró a un hombre que no parecía estar en necesidad. Él había viajado desde California, dejando a su familia, y estaba sin nada. Justamente esa noche iba a dormir en la calle. Pero cuando nosotros le entregamos el carro, ese hombre tuvo casa, carro y pudo regresar a California y hacer las paces con su familia. Entonces entendí. Mi corazón quedó feliz porque le entregué al Señor lo que Él me pidió.

No estoy diciendo que tienes que regalar tu carro, ni que tienes que dar mil dólares. El Señor tiene su manera de hacernos saber cómo va a tomar lo que está en nuestras manos y lo va a multiplicar.

LA MANERA EN QUE EL SEÑOR HACE MILAGROS ES MARAVILLOSA

Ni siquiera había pasado un año desde que habíamos adquirido nuestra casa y no teníamos alguien que hiciera una refinanciación de una propiedad recién comprada. Sin embargo, una empleada bancaria había solicitado atender el caso más difícil. Ella quería encargarse de la tarea que pareciera más imposible. De esta manera, ella lograría que su superior la dejase contribuir con otras actividades.

Ella pensó en nuestra situación y nos vio como el caso más imposible. Esto mostraba que no era solamente lo que yo pensaba, sino que los bancos también nos veían como uno de los casos más complicados. A su vez esto nos enseña que el Señor está trabajando para nosotros en lugares que no entendemos.

En síntesis, las personas del banco que se encargaron de ayudarnos, hicieron una financiación maravillosa. ¡Se lucieron! Sin duda, el Señor estaba trabajando en nuestro favor. No solamente nos dieron la refinanciación, sino también el dinero suficiente para que pudiéramos comenzar con nuestro propio negocio. Cuando muchas otras personas habían perdido sus trabajos, al igual que nosotros, nosotros ahora teníamos un negocio que empezó a ser próspero. El Señor lo bendijo desde el primer día.

Entonces, si lo que tienes en tus manos no es suficiente, tal vez debas entregárselo al Señor, porque Salmos 41 dice: «Felices son aquellos que son buenos para con el pobre». Además, cuando nosotros tenemos algo que no es suficiente, esto puede convertirse en una excelente semilla para sembrar.

PARA DIOS NO HAY IMPOSIBLES

La señal que Dios hizo no solamente nos habla del enemigo de la escasez, también nos habla del Victorioso

Mesías frente a esa situación que para nosotros parece imposible. Por lo tanto, si estás pasando por un momento de necesidad, recuerda que el Señor vino a derrotar al enemigo llamado escasez. Aunque existan cosas que para ti parecen imposibles, debes saber que para Dios todo es posible.

Eso era lo que Jesús quería demostrar cuando le preguntó a Felipe. ¿Por qué le preguntó? Porque era como decirle: «Felipe, tú eres de aquí de esta región, ¿cierto? Tú más que nadie sabes lo imposible que va a ser. Va a requerir un milagro».

Muchas veces, momentos antes de que el Señor haga un milagro, Él nos deja saber lo imposible que es nuestra situación. Y si eso sucede es porque Él está a punto de hacer un milagro.

Recuerdo el día en el que estaba hablando con una joven que me estaba haciendo las uñas en Argentina. Fui para una conferencia en ese país, y como me quedaba un poco de tiempo, fui a hacerme las uñas; y justamente esta mujer que estaba atendiendo también tenía problemas de esterilidad, como yo. Sin embargo, yo había adoptado a David y a Julia; por ello pensé: «No. Eso ya estaba en el pasado. No quiero hablar sobre si soy estéril o no». La mujer me estaba compartiendo su testimonio. Ella era bastante humilde y muy linda. Me dijo: «Tengo esperanza de que podré tener un hijo», y yo le dije: «Ok, ¿y cuál es tu problema de infertilidad? ¿De dónde viene?». A lo que ella me dijo: «Se debe a que me sacaron todos los órganos». Frente a esto, yo recuerdo que en mi mente me decía: «Pobrecita, qué ignorante, o sea… le sacaron todos los órganos». No obstante, el Señor me dijo: «Rebeca, la ignorante eres tú. Tú no sabes cuál es la definición de milagro. Milagro significa *imposible*».

El Señor a veces nos deja ver lo imposible que es nuestra situación, así como lo hizo con Felipe: «Felipe, ven acá. Tú que vives aquí y eres de este pueblo, dinos exactamente, ¿dónde se puede comprar pan para toda esta multitud?». Felipe dijo: «Señor, la pregunta que me estás haciendo es la equivocada. Aunque los doce trabajáramos por meses, meses y meses, no conseguiríamos el dinero para comprar pan para todas estas personas». Entonces Jesús dijo: «Eso me encanta. Escogí a la persona correcta que me está dando todos los datos que señalan por qué esto es imposible». Después de esto apareció un jovencito, mostró lo que tenía y dijo: «Miren, yo tengo aquí cinco panes, y dos peces. Esto es lo que me dio mi mamá cuando salí esta mañana. Me lo dieron en mi casa y ahora se lo quiero dar al Señor». Imagino que probablemente entre toda esta multitud también había otras personas que tendrían comida, aun entre los mismos discípulos; pero este jovencito fue el único que dijo que tenía dichos recursos.

Felipe vio lo que había y decidió que no era suficiente. A veces, nos pasa lo contrario: pensamos que lo que tenemos es suficiente; por consiguiente, no dejamos que

Dios haga el milagro que quiere hacer. En definitiva, debemos hacer lo que hizo el jovencito: entregar lo que está en nuestro mando. Solamente cuando rendimos lo que tenemos en nuestras manos, el Señor nos muestra Su plan. Él no solamente quiere que sepamos que vino a aplastar a ese enemigo llamado escasez, sino que también vino a darnos abundancia.

JESÚS ES EL PAN DE VIDA

¿Recuerdas a la mujer samaritana? En el evangelio Juan, vemos que Jesús escogió a esa mujer para hacerle saber que Él es el agua de vida. Jesús utilizó este acontecimiento para revelarse como tal. Esto lo podemos volver a ver en el capítulo 6 de Juan:

«Jesús les respondió:

—Les digo la verdad, no fue Moisés quien les dio el pan del cielo, fue mi Padre. Y ahora él les ofrece el verdadero pan del cielo, pues el verdadero pan de Dios es el que desciende del cielo y da vida al mundo.

—Señor—le dijeron—, danos ese pan todos los días» Juan 6:32-34

«Jesús les respondió:

—Yo soy el pan de vida. El que viene a mí nunca volverá a tener hambre; el que cree en mí no tendrá sed jamás. Pero ustedes no han creído en mí, a pesar de que me han visto. Sin embargo, los que el Padre me ha dado vendrán a mí, y jamás los rechazaré».
Juan 6:35-37

Muchos de ellos rechazaron lo que Jesús dijo acerca de que Él es el pan que descendió del cielo. Es más, la Biblia dice que empezaron a murmurar:

«Entonces la gente comenzó a murmurar en desacuerdo, porque Él había dicho: «Yo soy el pan que descendió del cielo». Ellos se decían: «¿Acaso no es este Jesús, el hijo de José? Conocemos a su padre y a su madre. ¿Y ahora cómo puede decir: "Yo descendí del cielo"?».

Jesús les contestó:
«Dejen de quejarse por lo que dije. Pues nadie puede venir a mí a menos que me lo traiga el Padre».
Juan 6:41-44

Finalmente, Jesús dijo:

«Yo soy el pan vivo que descendió del cielo. Todo el que coma de este pan vivirá para siempre; y este pan, que ofreceré para que el mundo viva, es mi carne».
Juan 6:51

Para muchas personas es difícil entender eso, pero para nosotros no lo es. Vamos a recordar nuevamente lo que Jesús le dijo a la mujer samaritana. Ella sí que lo entendió. Esta mujer fue corriendo, dejó su cántaro de agua, y dijo: «Encontré a alguien que me va a dar agua de vida». Asimismo, parece que toda su aldea también lo entendió, porque le dijeron a Jesús: «¡Quédate con nosotros dos días, y enséñanos!».

ÉL ES NUESTRO SUSTENTO ESPIRITUAL

Jesús nos dice que Él es el pan de vida. Ahora bien, ¿qué significa esto? Significa que Él es nuestro sustento espiritual diario. Del mismo modo que sucedía con el maná, que no se podía comer el que quedaba el día anterior, sino que todos los días había un sustento nuevo.

El pan que el Señor nos da es un pan espiritual, y nosotros somos llamados a repartir ese mismo pan. Esto es algo muy importante. Aunque Juan no lo menciona, pero sí aparece en otros Evangelios cuando el Señor dice que los discípulos repartían el pan. Esto también se aplica a nuestras vidas. Dios nos llama a dividir ese pan en grupos pequeños. Él nos lo reparte y nosotros, a su vez, lo damos a los demás. Precisamente eso es lo que hacemos en las comunidades, como por ejemplo en nuestra comunidad Mujer valiosa, donde leemos, meditamos y llevamos a la práctica la Palabra de Dios.

Debemos obedecer a ese llamado que Jesús nos dio. Si recordamos lo que dice Salmos 78, podemos ver que debemos recordarle a nuestra familia lo que sucedió con nuestros antepasados. Es decir, cómo Dios le dio el maná a ellos para que nosotros podamos creer. Creer que si hoy hay necesidad y escasez, Dios puede proveer y debemos poner nuestra esperanza en Él. Confiar que volverá a hacer Su obra porque creemos en los milagros que hizo en el pasado.

Nosotras como mujeres que somos madres, hijas o abuelitas, debemos repartir ese pan espiritual a nuestra familia. Esto me recuerda a la historia de una de nuestras mujeres valiosas que también es una de nuestras autoras en la Editorial Güipil, su nombre es Johanna Liriano. Recientemente su madre murió, y ella me conto que, al día siguiente, Dios le dio una visión. En ella vio a su madre repartiendo pan. La mamá de Johanna tuvo nueve hijos; por lo tanto, ella sabía lo que era compartir. Johanna me dijo: «El Señor me dejó saber que mi madre fue una mujer muy especial, porque ella aprendió a repartir el pan, y este es el llamado que el Señor nos está haciendo a todos nosotros. Ella repartió el pan a sus nueve hijos de manera física, pero también ella les dio el pan espiritual».

Tú y yo podemos ser parte de la familia del rey David y Salomón, ¿por qué? Porque nosotros tenemos esta palabra. ¡Qué privilegio de poderla leer y poder entregársela a nuestros hijos! Lo que les estamos entregando es sabiduría de reyes. Incluso, podemos leer los evangelios y entender a Jesús como si hubiésemos estado allí, porque para eso el Señor nos entregó la Biblia: para que tú y yo pudiéramos estar allí. Todos en el pasado, como Isaías, Daniel, profetas y reyes, hubieran querido tener a Jesús y poder ver lo que ustedes están viendo. ¿Quién no hubiese querido tener esta palabra escrita para así poder leerla y entender quién es Jesús?

Otra cosa que me dijo Johana fue: «Rebeca: el asunto es que mi madre, como mucho habrá hecho la primaria. Entonces, ¿de dónde sacó la sabiduría? ¿De dónde sacó mi madre el poder para criar bien a nueve hijos?». Cuando miramos lo que tenemos, ya sean recursos o conocimiento, y entendemos que no es suficiente, es más fácil llevarlo al Señor y pedirle que provea.

Cuando Jesús vino a este mundo, Él entregó su vida, para que nosotros pudiésemos aceptar su sacrificio y así Dios nos regalase vida eterna. Esto es básicamente lo que dice el resto del capítulo 6 del evangelio de San Juan. Espero que leas todo este capítulo con la certeza y la seguridad de que el Espíritu Santo de Dios puede darte esa revelación para que entiendas las palabras de Jesús. Deseo que seas de esos pocos de esta historia que entendieron lo que Jesús dijo.

El enemigo llamado escasez está derrotado. El Señor lo venció en la cruz del calvario. Jesús te sigue instando a que dejes lo imposible en Sus manos. No te pongas a contar qué es lo que tienes o qué es lo que te hace falta. Tu inteligencia no es suficiente; pero Él hace milagros, es el pan de vida que puede saciarnos diariamente y darnos vida eterna».

Querido lector, es esa la invitación que te hago en el día de hoy, ¿quieres aceptar a Jesús como tu salvador y comer del pan de vida? Si tu respuesta es sí, simplemente tienes que aceptar lo que Jesús hizo. Los regalos no son tuyos hasta que abres tus manos y lo recibes.

Para cerrar este capítulo, te invito a hacer una oración, ¿te atreves?

> Padre celestial, gracias por enviar a Cristo Jesús. Entiendo que Él es el pan de vida. Comprendo que Él entregó su cuerpo para que hoy pueda tener una relación restaurada contigo. Gracias por tu Palabra; quiero leerla todos los días para nutrirme. Gracias, Cristo, por el sacrificio que hiciste en la cruz del Calvario. Yo lo acepto como algo que hiciste en mi lugar y mi favor. Gracias, porque desde hoy soy hijo de Dios. Jesús, Tú restauraste mi relación con el Padre, y gracias a ti, mi nombre está escrito en el libro de la vida. Gracias. Amén.

Capítulo 4

OJOS ABIERTOS EN LUGAR DE LA CEGUERA ESPIRITUAL

En los capítulos anteriores vimos que el Señor victorioso quien derrotó de manera aplastante al enemigo que viene con las frustraciones y decepciones de la vida. Un claro ejemplo que el Señor nos deja en su Palabra es la situación de aquella novia que tenía su boda e iba pasar por una gran decepción si se acababa su fiesta, hasta que Jesús llegó. También vimos que otro enemigo que Jesús vino a derrotar es la enfermedad. Él sanó a aquellas personas que habían estado enfermas por mucho tiempo. De hecho, como hemos estudiado en el segundo capítulo de este libro, en San Juan 4 podemos ver que había un hombre cerca de la fuente esperando que alguien llegara y lo ayudara, hasta que el Señor llegó y lo sanó. Por otra parte, el mismo Juan nos dice que Jesús hizo muchísimas obras y que si se escribieran libros, estos no cabrían en el mundo.

Jesús es el mismo ayer, hoy, y por los siglos. Es por eso que nosotros lo estudiamos, no solamente para llenar nuestra cabeza de conocimiento, sino para saber y entender lo que Él puede hacer en nuestras vidas hoy. Es esencial que comprendas lo que Jesús vino a hacer por ti. Él vino a ayudarte con esas decepciones de la vida

En el capítulo anterior vimos cómo Jesús alimentó a más de 5000 personas. Una señal en la que Dios nos muestra que Jesús vino a derrotar al enemigo de la escasez. Y en este capítulo estaremos conociendo a un nuevo enemigo que se encuentra en Juan 8 y 9; y se llama la ceguera espiritual.

La ceguera espiritual hace que al pecar no veamos las consecuencias de nuestras acciones. Esa ceguera nos lleva a la muerte. Lo vemos en la historia bíblica que habla de la mujer adúltera, la cual fue descubierta en pleno acto sexual. ¡La encontraron pecando! ¿Se pueden imaginar esto? Un acto sexual en sí es algo bien privado, y ella estaba con alguien que no era su esposo: estaba cometiendo adulterio. Vamos a suponer que estaba escondida en un lugar cubierto, y de repente aparecieron varios hombres. La sacaron de su escondite a plena luz del día y ella sabía lo que le esperaba, porque era judía. Ella estaba consciente de que le esperaba la muerte: apedreamiento público.

Cuando pienso en esta mujer siendo apedreada, me imagino todo el dolor profundo que iba a sentir en su cuerpo. Adicionalmente, mientras ella recibía el golpe de las piedras, podría ver las caras de las personas que le mataban, moriría en completa vergüenza pública. ¿Puedes imaginar a esta mujer desesperada que ya sabía cuál era su fin? No se había dado cuenta de que su pecado la llevaría a la muerte de una manera tremendamente horrible. Los hombres que la encontraron aprovecharon la situación y dijeron: «Hagámosle la vida imposible a este nuevo conferencista que tenemos en la ciudad. A aquel que le dicen Maestro y que cree ser el Mesías. No solamente apedrearemos a la mujer, sino también a él».

LAS CONSECUENCIAS DEL PECADO SON UNA OPORTUNIDAD QUE NOS ACERCA A JESÚS

La historia de la mujer adúltera nos muestra que el pecado nos ciega a tal punto que recién comenzamos a abrir los ojos cuando llegan las consecuencias de la vida descarriada que llevamos en secreto y finalmente nos conducen a estar cara a cara con Jesús.

Tal vez no hayas cometido un pecado de adulterio. Tal vez pecaste por no haber tratado a tu cuerpo correctamente. O quizá sufriste las consecuencias del afán y de las preocupaciones financieras. Pensabas que ibas a morir por las consecuencias de tu pecado, pero Dios, en Su misericordia, transformó esa circunstancia en una oportunidad para llevarte a Jesús. Y en este momento, si el Padre ha hecho esto por ti, dale gloria a Dios:

Señor, gracias. Gracias, porque Tú viniste a derrotar a mi enemigo llamado ceguera espiritual; un enemigo que causa que al pecar no vea las consecuencias de mi propio pecado, sino cuando ya es demasiado tarde.

ANTES DE APEDREARLA, LA LLEVARON A JESÚS

La ceguera espiritual de aquella mujer la mantenía escondida en su pecado, y este pecado la condenó a la muerte. Sin embargo, antes de apedrearla, la llevaron a Jesús.

«Jesús regresó al monte de los Olivos, pero muy temprano a la mañana siguiente, estaba de vuelta en el templo. Pronto se juntó una multitud, y él se sentó a enseñarles. Mientras hablaba, los maestros de la ley religiosa y los fariseos le llevaron a una mujer que había sido sorprendida en el acto de adulterio; la pusieron en medio de la multitud».
Juan 8:1-3

En estos versículos podemos ver que la gente puso a la mujer en medio de la multitud, causándole aún más vergüenza de la que ella seguramente ya sentía.

«Maestro—le dijeron a Jesús—, esta mujer fue sorprendida en el acto de adulterio. La ley de Moisés manda apedrearla; ¿tú qué dices?»
Juan 8:4-5

El apóstol Juan nos dice la razón por la que llevaron a esta mujer a Jesús: Ellos intentaban tenderle una trampa para que Él dijera algo que pudieran usar en su contra.

Yo me pregunto qué veían en Jesús, qué les hacía creer que Él diría o haría algo en esta situación diferente a lo que manda la ley de Moisés. Tal vez creían que, como Jesús era misericordioso, de pronto iba a salvarla; o que quizá buscaría la paz.

Si nos ponemos a analizar el contexto, nos damos cuenta de que todas esas personas estaban molestas porque Jesús decía que Él era el Mesías. Pero el Mesías fue llamado para cumplir la ley de Moisés. Pareciera como si para ellos, esto del Mesías era *puro cuento*, como decimos en Colombia. De no ser así, ellos hubieran tenido un poquito más de temor y respeto por Jesús. ¿No crees? Sin embargo, ellos no creían que esto fuera posible, porque aunque conocían las Escrituras — la cual decía que vendría el Mesías— para ellos eso era impensable; lo veían como un cuento religioso.

Lamentablemente, esto también nos puede pasar a nosotros. Tenemos la Biblia, pero no necesariamente creemos todo lo que dice. ¡Esto se llama ceguera espiritual! Este enemigo se apoderó de los maestros de la ley y en el presente continúa engañando a muchas personas.

ÉL SE QUEDÓ CONMIGO

Hace un tiempo atrás estaba escuchando una de las canciones de Jesús Adrián Romero y pensé que la había escrito la mujer de la historia que estamos analizando. Ella pudo haber dicho exactamente estas palabras de la canción: «Él se quedó conmigo». Los que conocen la historia completa saben que Jesús le salvó la vida a esta mujer, y yo puedo escucharla escribir esta canción:

Se quedó conmigo en el fracaso.
En mi oscuridad y mis momentos bajos.
Y a pesar de conocerme tal cuál soy, se quedó.
Se quedó conmigo y fue paciente, y me levantó cuando bajé mi frente.
Y a pesar de conocerme tal cual soy, se quedó.
Y él sigue aquí.

Jesús Adrián Romero

LA CEGUERA ESPIRITUAL Y LA RELIGIOSIDAD

La ceguera espiritual no solamente aparece si hemos pecado y nos han descubierto. Este enemigo también puede tomar la forma de la religiosidad, como sucedió con los fariseos y maestros de la ley. En el capítulo 7 Juan nos cuenta que los líderes religiosos se le oponían, e incluso habían intentado arrestar a Jesús. Ellos habían estado buscando una oportunidad para acabar con Él. Pero Jesús vino a derrotar a un enemigo que se llama la Ceguera Espiritual. Aquel que causa que al pecar no veamos las consecuencias de nuestro propio pecado; y también hace que al ver a otros pecar, nos calificamos superiores y nos ciega para que no seamos conscientes de nuestro propio pecado, como les ocurrió a esos fariseos y líderes religiosos. Frente a esto, Jesús los enfrenta con su ceguera espiritual cuando les dice:

«¡Muy bien, pero el que nunca haya pecado que tire la primera piedra!».
Juan 8:7

Él no invalidó lo que decía la ley. Mas bien dijo, "muy bien hagamos lo que dice la ley que se debe hacer con los pecadores". Después de esto, si lees la reacción de ellos, ves que se fueron uno por uno, confrontados con su propio pecado. Frente a Jesús su ceguera espiritual se esfumó. En otras palabras, podemos decir que el Señor Jesús no invalidó la ley, sino que se la aplicó a todos. Y esto es importante para que entendamos lo que dice el siguiente versículo:

«Por cuanto todos pecaron y están destituidos de la gloria de Dios; pero son justificados gratuitamente por su gracia, mediante la redención que proveyó Cristo Jesús».
Romanos 3:23 (RVC)

En la Nueva Traducción Viviente dice:

«Pues todos hemos pecado; nadie puede alcanzar la meta gloriosa establecida por Dios. Sin embargo, en su gracia, Dios gratuitamente nos hace justos a sus ojos por medio de Cristo Jesús, quien nos liberó del castigo de nuestros pecados».
Romanos 3:23

EL PEOR ENEMIGO QUE TENEMOS SOMOS NOSOTROS MISMOS

Oneida Arnau, autora de la Editorial Güipil, pensó que se iba a morir cuando se enteró de que su esposo y su mejor amiga estaban teniendo relaciones sexuales. De hecho, ella lo cuenta en su libro *Durmiendo con el enemigo*. Allí, de manera magistral, ella nos hace ver que el peor enemigo que tenemos somos nosotros mismos. Sobre todo cuando insistimos en querer condenar al pecador que está frente a nosotros; pero no vemos que nosotros también somos pecadores, y que nuestras actitudes pueden matar y destruir.

Retomando la historia de esta mujer, podemos ver que todos los que la acusaban se fueron, pero él se quedó. Jesús le dijo: «Yo tampoco te condeno. Vete y no peques más». ¡Qué precioso! Aquel que podría condenarnos eternamente, vino a salvarnos.

Esta historia es solamente el comienzo y el preámbulo a lo que Jesús quiere enseñar referente a la ceguera espiritual, sus efectos en nosotros y como Él es victorioso sobre ese enemigo que nos incapacita para vivir la vida plena que Dios nos ofrece. Es así como después de este acontecimiento, lo que Juan decide contarnos en su evangelio es muy significativo. El nos cuenta que Jesús, quien estaba en el templo, habló una vez más y dijo:

«*Yo soy la luz del mundo. Si ustedes me siguen, no tendrán que andar en la oscuridad porque tendrán la luz que lleva a la vida*».
Juan 8:12

Es por ello que podemos afirmar que Jesús vino a derrotar a ese enemigo que se llama ceguera espiritual. Jesús es la luz de la mañana, cuando Él llega, se va la noche y la oscuridad huye. Su luz no solamente sirve para alumbrar y brillar, sino que lleva a la vida.

«*Tu palabra es una lámpara que guía mis pies y una luz para mi camino.*»
Salmos 119:105

Con este versículo, el Señor te quiere decir que Su Palabra es una luz que está por encima de todo, mostrándote el camino completo. Te enseña a dónde te lleva ese camino por el cual estás andando. Permite que veas el peligro de ese próximo paso para que no tropieces, y además te ayuda a ajustar la dirección cuando es necesario que cambies de camino.

CREER REALMENTE EN SU PALABRA

En Juan 6, a partir del versículo 35 podemos ver que luego de que Jesús empezó a decir: «Yo soy el pan de vida, yo soy el agua», algunos discípulos se quejaban y murmuraban. Sin embargo, Jesús les dijo: «Solo el espíritu da vida eterna, los esfuerzos humanos no logran nada. Las palabras que yo les he hablado son espíritu y son vida, pero algunos de ustedes no creen».

Más adelante, en Juan 6:66-69 nos dice que muchos discípulos abandonaron a Jesús. Pero Pedro casi repite las palabras del maestro para poder decir «Yo creo»:

«Simón Pedro le contestó:
—Señor, ¿a quién iríamos? Tú tienes las palabras que dan vida eterna».
Juan 6:68

Pedro tenía esa sensibilidad espiritual y pudo escuchar y entender al Padre. El Señor le abrió los ojos, le quitó la ceguera espiritual y él pudo reconocer que solo Jesús da palabras de vida eterna y es el santo de Dios.

En mi estudio para escribir este libro me di cuenta de la relación de estos capítulos. uno con otro, entrelazados - llevándonos a entender cómo es, cómo se identifica una *Ceguera Espiritual*, y quién es el que puede venir, sanarnos, y derrotar a ese enemigo que nos tiene ciegos, y no podemos ver y es por esto que el tema y la revelación referente a la ceguera espiritual continua con la historia de un hombre que Jesús sanó, el cual era ciego de nacimiento. Para hablarnos sobre la ceguera espiritual Juan no escoge la sanidad de un hombre que un día pude ver y ahora este ciego. No es que un día vio el verde del pasto, vio el rio, los pajaritos, y de pronto algo pasó y ya no puede ver más. Este hombre era ciego de nacimiento.

En el capítulo 9 de Juan vemos que Jesús sana a un ciego de nacimiento; y nosotros debemos entender que esa es nuestra condición espiritual cuando no tenemos a Dios en nuestras vidas.

En este capítulo el mismo Señor Jesús vuelve a repetir: «Mientras yo estoy aquí en el mundo, yo soy la luz del mundo». Jesús estaba invitando a la multitud con estas palabras a mirar, escuchar y meditar, y entonces tomar la decisión de salir de la oscuridad y entrar en la luz espiritual que el ofrece. Para demostrarlo, Jesús sana a un hombre ciego de nacimiento y lo hizo a propósito porque iba a hablar acerca de la *Ceguera Espiritual*. En otras palabras, Jesús es el mismo ayer, hoy y por los siglos. Esto quiere decir que este mismo Jesús está con nosotros y es la luz del mundo. Para demostrarlo, Jesús sanó a un hombre ciego de nacimiento. Leamos la historia:

> «Mientras caminaba, Jesús vio a un hombre que era ciego de nacimiento.
> —Rabí, ¿por qué nació ciego este hombre? —le preguntaron sus discípulos—. ¿Fue por sus propios pecados o por los de sus padres?»
> Juan 9:1-2

Aquí vemos la ceguera espiritual de los mismos discípulos de Jesús. ¿Por qué? Porque hay juicio. Juzgar es una señal de que este enemigo está tomando el control de nuestras vidas. Frente a esto, Jesús les responde:

> «*No fue por sus pecados ni tampoco por los de sus padres... Nació ciego para que todos vieran el poder de Dios en él. Debemos llevar a cabo cuanto antes las tareas que nos encargó el que nos envió. Pronto viene la noche cuando nadie puede trabajar; pero mientras estoy aquí en el mundo, yo soy la luz del mundo*». Juan 9:3-5

Después de esto, Jesús escupió en el suelo, hizo lodo con la saliva y lo untó en los ojos del ciego. Luego de esto le dijo: «Ve a lavarte en el estanque de Siloé» (Siloé significa *enviado*).

«*Entonces el hombre fue, se lavó, ¡y regresó viendo! Sus vecinos y otros que lo conocían como un pordiosero ciego se preguntaban: "¿No es ese el hombre que solía sentarse a mendigar?". Algunos decían que sí, y otros decían: "No, solo se le parece". Pero el mendigo seguía diciendo: "¡Sí, soy yo!". Le preguntaron:*

—¿Quién te sanó? ¿Cómo sucedió?
—El hombre al que llaman Jesús hizo lodo, me lo untó en los ojos y me dijo: "Ve al estanque de Siloé y lávate". Entonces fui, me lavé, ¡y ahora puedo ver!
—¿Dónde está él ahora? —le preguntaron.
—No lo sé—contestó.

Entonces llevaron ante los fariseos al hombre que había sido ciego, porque era día de descanso cuando Jesús hizo el lodo y lo sanó».

Juan 9:7-14

Esta porción de la Palabra nos enseña cuán grande era la ceguera que tenían estas personas. Ellos pensaban: «Este hombre hizo lodo y sanó a un ciego de nacimiento. ¡Esto está prohibido! ¡Terrible! Trabajó en el día de reposo». Los fariseos interrogaron al hombre, no una vez, sino muchas.

«Luego los fariseos volvieron a interrogar al hombre que había sido ciego:
—¿Qué opinas del hombre que te sanó?
—Creo que debe de ser un profeta —contestó el hombre». Juan 9:17

Aun así, los líderes judíos se negaban a creer que el hombre había sido ciego y ahora podía ver; por esa razón, llamaron a sus padres. O sea, le interrogaron, le preguntaron cómo fue, criticaron cómo se hizo la sanidad y después no creyeron.

«—¿Es este su hijo? —les preguntaron—. ¿Es verdad que nació ciego? Si es cierto, ¿cómo es que ahora ve?

Sus padres contestaron:

—Sabemos que él es nuestro hijo y que nació ciego, pero no sabemos cómo es que ahora puede ver ni quién lo sanó. Pregúntenselo a él; ya tiene edad para hablar por sí mismo.

Los padres dijeron eso por miedo a los líderes judíos, quienes habían anunciado que cualquiera que dijera que Jesús era el Mesías sería expulsado de la sinagoga. Por eso dijeron: "Ya tiene edad suficiente, entonces pregúntenle a él".

Por segunda vez llamaron al hombre que había sido ciego y le dijeron:

—Es Dios quien debería recibir la gloria por lo que ha pasado, porque sabemos que ese hombre, Jesús, es un pecador».

Juan 9: 19-24

Como no podían negar el milagro, decidieron afirmar que Jesús se estaba llevando la gloria de Dios, y que definitivamente era un pecador.

«—Yo no sé si es un pecador—respondió el hombre—, pero lo que sé es que yo antes era ciego, ¡y ahora puedo ver!

—¿Pero qué fue lo que hizo? —le preguntaron—. ¿Cómo te sanó?

—¡Miren! —exclamó el hombre—. Ya les dije una vez. ¿Acaso no me escucharon? ¿Para qué quieren oírlo de nuevo? ¿Ustedes también quieren ser sus discípulos?

Entonces ellos lo insultaron y dijeron:

—Tú eres su discípulo, ¡pero nosotros somos discípulos de Moisés! Sabemos que Dios le habló a Moisés, pero no sabemos ni siquiera de dónde proviene este hombre.

—¡Qué cosa tan extraña! —respondió el hombre—. A mí me sanó los ojos, ¿y ustedes ni siquiera saben de dónde proviene? Sabemos que Dios no escucha a los pecadores, pero está dispuesto a escuchar a los que lo adoran y hacen su voluntad. Desde el principio del mundo, nadie ha podido abrir los ojos de un ciego de nacimiento. Si este hombre no viniera de parte de Dios, no habría podido hacerlo».

Juan 9: 25-33

Estas son las palabras de un pordiosero, un hombre que había sido ciego de nacimiento, un limosnero. Él estaba diciéndole a estas personas que habían pasado toda su vida estudiando: «¿Ustedes quieren filosofar conmigo? Ya me han preguntado dos veces, ¿Será que ustedes quieren ser sus discípulos? ¿No? Ok. Entonces déjenme decirles lo que realmente pienso: A mí me sanó los ojos, y ustedes ni siquiera saben de dónde proviene. A mí me sanó los ojos, me hizo ver, y ustedes aún están ciegos. Sabemos que Dios no escucha a los pecadores, pero está dispuesto a escuchar a los que lo adoran y hacen su voluntad. Desde el principio del mundo nadie ha podido abrir los ojos de un ciego de nacimiento. Por ello, si este hombre no viniera de parte de Dios, entonces no habría podido hacerlo». ¿Y sabes lo que respondieron estas personas? En lugar de decir: «Vamos a darle una oportunidad a este mensaje, a este Jesús», ellos dijeron: «Tú naciste pecador hasta la médula. ¿Acaso tratas de enseñarnos a nosotros?».

Parte de la ceguera espiritual es cuando nosotros pensamos que no necesitamos aprender más, pues ya todo lo sabemos. Lamentablemente, cuando este hombre les dijo su opinión, los fariseos lo echaron de la sinagoga; sin embargo, Jesús fue a su encuentro:

«Cuando Jesús supo lo que había pasado, encontró al hombre y le preguntó:
—¿Crees en el Hijo del Hombre?
—¿Quién es, señor? —contestó el hombre—. Quiero creer en él.
—Ya lo has visto—le dijo Jesús—, ¡y está hablando contigo!

—¡Sí, Señor, creo! —dijo el hombre. Y adoró a Jesús.

Entonces Jesús le dijo:

—Yo entré en este mundo para hacer juicio, para dar vista a los ciegos y para demostrarles a los que creen que ven, que, en realidad, son ciegos.

Algunos fariseos que estaban cerca lo oyeron y le preguntaron:

—¿Estás diciendo que nosotros somos ciegos?

—Si fueran ciegos, no serían culpables—contestó Jesús—, pero siguen siendo culpables porque afirman que pueden ver».

Juan 9: 35-41

¡Increíble!, ¿verdad? Aquí nos damos cuenta de que todos estos pasajes están escritos por el apóstol Juan para dejarnos saber que Jesús vino a derrotar a este terrible enemigo que se llama ceguera espiritual.

¿QUÉ ES LO QUE HACE EN NOSOTROS LA CEGUERA ESPIRITUAL?

Lo primero que la ceguera espiritual hace en nosotros, es mantenernos pensando en que no va a pasar nada si seguimos pecando. No nos deja ver que nuestro pecado tiene un efecto dominó, ya que viene a matar, a robar y a destruir toda nuestra vida y afecta a los que están a nuestro lado.

En segundo lugar, hace que nos concentremos en ver el pecado de las otras personas sin poder ver los nuestros. Esto se manifiesta cuando juzgamos, pero no podemos ver nuestro propio pecado.

El Señor también nos deja saber que él es la luz del mundo, y que cuando él llega se va la noche. Cuando él llega, llega la luz de la mañana a nuestras vidas, y lo entendemos a través de este maravilloso milagro de que un hombre ciego de nacimiento recibiera la vista. Jesús nos dice mediante este milagro que él vino exactamente a eso, él vino a traer vista a los ciegos, a sacar la *Ceguera Espiritual*.

La ceguera espiritual más grande se presenta cuando la persona no reconoce que Jesús es el Mesías. Ni tampoco reconoce que Él no vino a condenar al mundo, sino a salvarlo.

EL ESPÍRITU DA VIDA ETERNA

Así como lo hemos podido ver en aquella mujer que fue encontrada en adulterio, solo el Espíritu da vida eterna. Los esfuerzos humanos no logran nada, pero las palabras que Jesús nos habla son espíritu y vida. Si necesitas creer, y hoy has entendido que Jesús es el mismo ayer, hoy y por los siglos, es necesario que tomes una decisión.

En primer lugar, si ya conoces a Jesús, permite que Él saque toda ceguera espiritual. Es necesario entender que *tenemos oscuridad en nuestras vidas y Él viene a sacarla. Él viene a limpiarnos. Él es la luz de la mañana. Su palabra todavía es la lámpara y la luz que ilumina nuestros pies y dirige nuestro camino.*

En segundo lugar, si nunca le has conocido de verdad, si quieres rendir tu vida a Dios a través de Cristo, ¡hoy es el día de salvación! El Señor te llama para que, como aquel ciego de nacimiento, finalmente puedas ver a Jesús. Lo más lindo de la historia es que este hombre ciego pudo ver a Jesús, corrió a él, lo conoció, y bueno, tuvo una experiencia increíble, de darse cuenta que gracias a Dios su ceguera solamente fue en sus ojos. Ya que cuando él finalmente vio a Jesús, a diferencia de los otros que lo habían visto todo el tiempo hacer muchos milagros, escucharon sus enseñanzas, no lo aceptaron como Mesías, pero este hombre entendió que Jesús, de la misma manera que le dio la vista de sus ojos físicos, el vino a darle la vista espiritual. Solo él puede dar vida eterna.

Por lo tanto, en este momento te invito a que entregues tu vida al Señor:

1- Te animo a que invites a Jesús a tu vida, para que así Él te haga libre de toda ceguera espiritual.

2- También para que Él pueda convertirse en el Señor y Salvador de tu vida.

Si quieres hacerlo, vamos a orar:

Padre celestial, te doy gracias por haber enviado a Jesús al mundo para salvarme de todos mis pecados y limpiarme de toda maldad. Acepto el sacrificio de Cristo en mi lugar, porque tú, Señor, viniste a cumplir por nosotros esto que tú mismo habías designado. Por tu gracia somos salvos por medio de la fe, y esto no es de nosotros, sino que es Tu don. Lo entiendo y en este momento acepto el regalo de la salvación. Declaro que Jesús es el Mesías. Jesús vino a la tierra como Mesías, y lo acepto como mi Señor y mi Salvador. Gracias por escribir mi nombre en el libro de la vida, amén.

Jesús vino a derrotar a todos nuestros enemigos de forma aplastante. Él vino a derrotar a ese enemigo que viene con las frustraciones de la vida, a los enemigos llamados enfermedad, escasez y ceguera espiritual.

Para finalizar este capítulo, deseo compartir contigo esta hermosa bendición sacerdotal:

«Que el Señor te bendiga y te proteja. Que el Señor sonría sobre ti y sea compasivo contigo. Que el Señor te muestre su favor y te dé su paz».
Números 6:24-26

Capítulo 5

PASTOREADO EN LUGAR DE VIVIR A LA DERIVA

En este capítulo quiero hablarte acerca de un enemigo muy interesante que el Señor Jesús vino a derrotar, y se llama vivir a la deriva.

La Biblia nos dice que Jesús es nuestro buen pastor. Al mismo tiempo, Jesús nos dice que sus ovejas escuchan su voz. Y esta es una de las hermosas declaraciones de Jesús: que nosotras como sus ovejas podemos oír su voz. ¿Qué diferencia hace? Bueno, ¿qué diferencia hace cuando un bebé de dos o tres años escucha la voz de su papá y de su mamá? Pues que conoce y sabe que es un llamado diferente.

«*Les digo la verdad, el que trepa por la pared de un redil a escondidas en lugar de entrar por la puerta ¡con toda seguridad es un ladrón y un bandido!*» Juan 10:1

A pesar de que actualmente no vivimos en los tiempos de Jesús, donde había muchos rebaños, yo me imagino ahora la cerca del patio de mi casa. Por lo general, nosotros solemos cercar los patios de las casas. En mi casa cercamos el patio y también una puerta de la entrada a mi garaje. No solamente estamos cubriendo y protegiendo nuestra casa en la parte de atrás, sino también nuestras posesiones. Recuerda, hay personas que pueden querer trepar en las cercas de tu vida. Ellos vienen como bandidos y como ladrones. La Biblia dice:

«*Pero el que entra por la puerta es el pastor de las ovejas. El portero le abre la puerta, y las ovejas reconocen la voz del pastor y se le acercan. Él llama a cada una de sus ovejas por su nombre y las lleva fuera del redil*».
Juan 10:2-3

Aquí está hablando de que este pastor no solamente nos lleva a un lugar seguro, sino que también cierra la puerta y no permite que nadie entre. Él es la puerta y está enfrente de nosotros tapando la entrada.

«*Él llama a cada una de sus ovejas por su nombre y las lleva fuera del redil. Una vez reunido su propio rebaño, camina delante de las ovejas y ellas lo siguen porque conocen su voz*». Juan 10:3-4

«... y ellas lo siguen porque conocen su voz. Nunca seguirán a un desconocido; al contrario, huirán de él porque no conocen su voz». Juan 10:4-5

La Biblia dice que los que oyeron a Jesús usar este ejemplo, el cual debió ser bastante común para ellos, no entendieron lo que quiso decir. Por consiguiente, Él les dio una explicación. Y aquí es donde están las preciosas palabras de Jesús:

«Yo soy la puerta; los que entren a través de mí serán salvos. Entrarán y saldrán libremente y encontrarán buenos pastos. El propósito del ladrón es robar y matar y destruir; mi propósito es darles una vida plena y abundante». Juan 10: 9-10

Me encanta porque Él dice: robar y matar y destruir. Jesús aquí utilizó el «y» varias veces, porque hizo énfasis en que es «y», no es «o». A veces pensamos que el enemigo vino a robar, y creemos que si nos robó, ya no nos va a matar ni tampoco nos va a destruir. ¡Pero no! Jesús fue bien claro. Él dijo:

«El propósito del ladrón es robar y matar, y destruir. Mi propósito es darle vida plena y abundante. Yo soy el buen pastor. El buen pastor da su vida en sacrificio por las ovejas». Juan 10:10-11

Este versículo es muy especial. Yo lo aprendí cuando era una niña, y lo entendí nuevamente cuando tenía trece años. Este fue el versículo que el Señor utilizó para que yo aceptara a Jesús como mi Señor y salvador personal.

Las ovejas reconocen la voz del pastor. Pero en este mundo podemos vivir a la deriva porque adicionalmente a la voz de nuestro pastor hay otras voces, hay muchas. Están las voces de las noticias o las voces de los *influencers*. Definitivamente, cualquiera que cuente con un celular puede convertirse en un *influencer* y decirte palabras bonitas. También está la voz del enemigo. Lamentablemente, él enemigo no ha parado en todos estos años que ha estado viviendo en la tierra. Él llega e intenta hablarnos. Puedes escucharlo en la voz de tu indecisión y tu inseguridad.

A veces el Señor está a tu frente y te dice: «Sígueme», pero te habla la voz de la indecisión. Puedes tener seguridad del pastor, pero dices: «¿De verdad Él está diciendo eso a mí?»

EL GRAN PELIGRO DE VIVIR A LA DERIVA

Puede que la voz de tu pasado sea la que te lleve a tener inseguridad. Sin embargo, quiero recordarte que al diablo no le interesa tu pasado. Esto es algo que Dios me ha hablado muy fuertemente. El diablo te recuerda el pasado porque quiere que vivas el presente a la deriva y que no tengas futuro.

Al vivir a la deriva desperdicias tu día, y por lo tanto, tu porvenir. Nosotros tenemos un tiempo límite en esta tierra; pero Dios tiene cosas maravillosas que quiere hacer a través de nosotros. Él es el dador de la vida y quiere que la vivamos con propósito. Es importante que conozcamos qué es lo que Él quiere, en qué caminos quiere que andemos, en qué proyectos quiere que nos involucremos y con qué personas desea que nos rodeemos. **El gran peligro de Vivir a la Deriva el día de hoy es que estás desperdiciando tu presente y por lo tanto sentenciando tu futuro.**

Si tomamos las decisiones sin tener a un Pastor que nos guíe, comenzaremos a vivir a la deriva. Me refiero a decisiones tales como: ¿Con quién me casaré?, ¿A qué me voy a dedicar?, ¿Con quién me voy a relacionar? Las decisiones que tomamos nos pueden llevar por caminos diferentes; con quién nos relacionamos define en qué redil nos encontramos. Por esta razón, es muy vital conocer la voz del pastor.

JESÚS VINO A DERROTAR A ESE ENEMIGO LLAMADO VIVIR A LA DERIVA

Jesús vino a derrotar a ese enemigo que es el vivir a la deriva. ¿Enemigo de qué? ¡De tu futuro! Este enemigo te roba tu presente, tu futuro y tu destino.

El Señor vino a derrotar al enemigo llamado vivir a la deriva, porque Él es el Pastor de Su rebaño. Él vino a solucionar ese gran problema que tiene la humanidad.

Como mencioné, nuestro patio está cerrado, y contamos con una entrada al garaje. A su vez, tenemos una salida para ir a un pequeño río. Hace un tiempo, mi perrito vio a una ardilla y se fue corriendo detrás de ella. Fue así que se embarró todos los pies. ¿Sabes qué lo salvó? La voz de su amo. Le dije: «Noble, ven, para», y él se detuvo y regresó. Cuando volvió, tenía todas las piernas sucias; y me tocó bañarlo, arreglarlo y limpiarlo. Es fácil para nosotros, los seres humanos, distraernos. De la misma manera en que nuestro perrito se distrae con las ardillas, así nosotros también salimos corriendo, nos distraemos y decidimos hacer algunas cosas que nos afectan negativamente. Pero al Señor Jesús le importa nuestra situación. Así como con mi perrito, solo a mí me importó, a nadie más. Nuestro pastor nos cuida; y probablemente hace lo mismo que hice con Noble: tomar las riendas del asunto y limpiarnos. Ese trabajo solamente lo hace el pastor que nos cuida.

Tal vez el ejemplo que te conté acerca de mi perrito sea muy sencillo y realmente al final no muy bueno. En particular, porque los enemigos que nosotros tenemos no son solamente un barrizal con el cual nos podemos ensuciar los pies y ya. En nuestro caso, también podríamos encontrar osos o leones, como lo muestra el ejemplo de las ovejas que Jesús utilizó. ¿Cuáles son esos enemigos terribles que tienes allá fuera? Ese enemigo que menciona Juan 10:10, no vino solamente a robar, sino a matar y a destruir. Por este motivo agradécele al Señor por tenerlo a Él como Pastor.

¿QUÉ ES VIVIR A LA DERIVA?

Vivir a la deriva es vivir sin un rumbo definido o claro. Es vivir en la incertidumbre, inquieto, errante, tal como lo muestra el Señor cuando dice que los vio y tuvo compasión de ellos porque parecían ovejas sin un pastor.

El pueblo de Israel pasó cuarenta años en el desierto; pero el Señor le dio un pastor, el cual era Moisés, y les dijo que quería que entren a la tierra prometida. Sin embargo, ellos tuvieron miedo y no escucharon la voz de su pastor.

El Señor nos muestra los riesgos que vamos a tomar, y no dice que estará con nosotros; por eso el Señor le dijo a Josué:

«*¡Sé fuerte y valiente! No tengas miedo ni te desanimes, porque el Señor tu Dios está contigo dondequiera que vayas*». Josué 1:9

Debes ser fuerte y valiente, porque Él está contigo. ¡Ese es nuestro pastor! Y bien, ¿cuál es la otra alternativa si no eres valiente y decides no caminar en lo que Dios te llamó a hacer? Vivirás en el desierto, como hicieron los Israelitas por 40 años. Un viaje que tal vez debía ser de unos pocos días, se convirtió en uno de años. Y nadie, ninguna persona de esa generación entró a la tierra prometida.

«No actúen sin pensar, más bien procuren entender lo que el Señor quiere que hagan». Efesios 5:17 (NTV)

Por lo tanto, debemos procurar entender lo que el Señor quiere que hagamos. De hecho, en La Biblia de las Américas dice así:

«Así pues, no seáis necios, sino entended cuál es la voluntad del Señor». Efesios 5:17 (LBLA)

De forma adicional, podemos ver que la voluntad del Señor siempre es algo que nosotros debemos hacer, así como lo hizo Josué. Josué 1:9 es el versículo que tengo en mi oficina, porque creo que ese es el llamado de Dios para mi vida: ¡Creerle!

ENTENDER PARA NO ESTAR A LA DERIVA

¿Cuántos de nosotros hemos decidido no ser necios, no actuar sin pensar, sino procurar entender siempre el camino para no estar a la deriva? Es necio caminar por aquí, caminar por allá, actuar a la deriva nos distrae.

Hace un tiempo estuve revisando algunos pasajes bíblicos que tienen que ver con el liderazgo. Esto me llevó a estudiar la vida de Saúl y de Jonatán, y me di cuenta el contraste entre ambos. Había mucha necedad en Saúl; pero la Biblia también nos habla del ejemplo de Jonathan: de cómo buscó la dirección de Dios e hizo hazañas y proezas. Hay una en particular en la que derrotó a todo el campamento enemigo, simplemente porque procuró entender la voluntad de Dios. Por el contrario, su padre y 600 hombres estaban a la deriva. Estaban distraídos. Estar distraído es otra manera de Vivir a la Deriva, así que procura no vivir distraído. Procura entender la voluntad de Dios para tu vida en este momento.

ÉL ES NUESTRO PROTECTOR Y PROVEEDOR

David es realmente una figura de un buen pastor. Cuando fue a derrotar a Goliat, le dijo a Saúl: «Déjame decirte que yo nunca me he puesto ninguno de estos armamentos de los que tú me estás hablando, pero te contaré lo que hice como pastor de ovejas: cuando llegaba un león o un oso, yo los cogía con mi mano y los destrozaba. Cuidaba mi rebaño al punto que yo derrotaba a ese enemigo». Entonces, Jesús es como David, que mira y sabe que ese es su rebaño y está listo para protegerlo. Está listo para que a través de ti, tú puedas cortarle esa cabeza a esos Goliat que vienen a tu vida. ¡Él está allí!

A través de muchos maestros, memes lindos, frases bonitas y sabias, muchas personas hasta han comenzado a seguir religiones. Tienen libros que ellos mismos llaman *sagrados*. Pero solo hay uno en este mundo que está comprometido con tu vida por amor a dar su vida por rescatar la tuya: Jesús.

¡JESÚS ESTÁ VIVO!

Cuando yo tenía trece años, estaba en un paraninfo escuchando la prédica de una persona que decía: «Hay muchos filósofos que han hablado cosas interesantes y bonitas a tu vida. Pero todos ellos están muertos, tú puedes ir y visitar sus tumbas. En cambio, Jesús está vivo». Y esto me convenció y me permitió entender que Jesús está vivo. Él es rey y yo lo hice rey de mi vida.

En el transcurso de mi vida he aprendido algo muy importante: Jesús sabía que Su voz no era la única que había en el ambiente. Aunque ahora vivimos en un mundo donde hay muchas voces, Jesús es el único que dio su vida por nosotros. ¿Qué otro filósofo, maestro, meme o persona que haya pasado por tu vida dice: «Yo me comprometo por amor y con amor contigo»? Jesús no solamente se compromete con un grupo, más bien contigo. Acuérdate de que es el Buen Pastor, y Él da su vida por las ovejas. Él nos muestra que si falta una, irá a buscarla. Esto significa que Él está comprometido con todo el rebaño, pero también está comprometido contigo individualmente. ¡Él es el único! Él cumplió sus promesas. Él mostró que su compromiso es real cuando murió en la cruz del calvario por ti y por mí. Lo único que hay que hacer es recibir su regalo, decidir que él sea el pastor de tu vida.

UNA VIDA PLENA Y ABUNDANTE

Jesús dice: «Mi propósito es darte vida plena y abundante». Lo cual es maravilloso, porque te está diciendo que está comprometido contigo aquí, pero también por la eternidad. Él es el camino a la restauración de nuestra relación con Dios Padre, lo cual significa que, si caminamos con Él, nos lleva a los brazos del Padre a reconciliarnos, y a que tú y yo nos convirtamos en Sus hijos.

De todos estos enemigos que hemos hablado, tal vez la escasez de tus problemas financieros o una enfermedad, puede convertirse en el enemigo de un día, ya que el Señor milagrosamente puede sanarte a través de la oración de alguien, y tú puedes continuar tu vida a la deriva. Sin embargo, el Señor no solamente vino para darte un día mejor, una mejor semana o un año. ¡No! El Señor vino a darte una vida plena y abundante, Él quiere dirigir todas las áreas de tu vida. **Su dirección es la que nos lleva a esa vida plena y abundante.**

Creo que esas son las buenas noticias del evangelio,

que podemos tener una vida plena y abundante aquí, y luego una hermosa vida eterna con Él en el cielo.

LA VIDA QUE JESÚS OFRECE DESBORDA PERDÓN, AMOR Y DIRECCIÓN

El problema de andar a la deriva es que el enemigo de nuestras vidas es real y tiene un propósito: mata tus sueños, destruye tus relaciones y te roba la paz. No obstante, la Biblia nos dice que Jesús ofrece desborda perdón, amor y dirección. Frente a esto, tú me puedes decir que, como Él no está aquí en carne, es difícil seguirle y oírle; no obstante, recuerda que el mismo Jesús en el libro de Juan dice: «¿Saben qué? Les conviene que yo me vaya. Les conviene que no les dejen ir por un tiempo a los templos». Esto nos dijo cuando llegó la pandemia, porque en donde sea que estés, ahora puedes conectarte y nadie tiene excusas.

¿Te acuerdas cuando llegó la pandemia? Tal vez tú decías: «Ay, no nos vamos a poder conectar con la iglesia, ¿qué haremos?»; y la iglesia todavía no estaba preparada. Pero ahora todo el mundo se puede conectar a Internet, y muchas personas comenzaron a buscar en Google preguntas referentes a Dios y la eternidad; y encontraron a cristianos en línea acerca del Señor. Por un tiempo, fue bueno conectarnos por ese medio. Todos pudimos escuchar la Palabra de Dios. Nos convino, por un momento, porque podíamos escuchar o ver conferencias, prédicas y enseñanzas.

EL ESPÍRITU LOS GUIARÁ A TODA LA VERDAD

«Cuando venga el Espíritu de verdad, él los guiará a toda la verdad. Él no hablará por su propia cuenta, sino que les dirá lo que ha oído y les contará lo que sucederá en el futuro».
Juan 16:13

Hermoso. ¿Cierto? ¡Tenemos al Espíritu de verdad! No tenemos a Jesús aquí al frente de nosotros, dirigiéndonos, pero puedes tener la certeza de que el Espíritu de Dios te hablará. Jesús dijo que te convenía que Él se fuera, porque no tienes que ir hasta Jerusalén para escuchar su último mensaje: ¡tienes al Espíritu Santo!, y en el momento en que lo necesites y tengas dudas.

Como hemos leído, el mismo Jesús dijo en Juan 16: «Cuando venga el espíritu de verdad, él nos guiará a toda la verdad». ¿Y cómo nos va guiar a toda la verdad? Él dice que a través del Espíritu:

«Podemos estar confiados que si conocemos la voz de Jesús, vamos a conocer la voz del Espíritu, y esa voz les dirá todo lo que reciba de Cristo».

O sea que esas voces están unidas. Al mismo

tiempo, hay otra voz: la Palabra de Dios, la cual nos dice exactamente lo que debemos creer acerca de Dios y de nosotros. Por lo tanto, una de las cosas que nosotros podemos hacer para conocer la voluntad de Dios y no vivir a la deriva, es leer la Biblia.

Recuerda que Jesús es la palabra encarnada, es nuestro pastor, y Él nos dice que podemos creerle y escucharle a través del Espíritu Santo.

CONOCER LA VOZ DE DIOS ESCUCHÁNDOLO A TRAVÉS DE NUESTROS PADRES

Esta generación actual vive descarriada. En primer lugar, porque no escucha a sus padres, y en segundo lugar, porque sus padres no les hablan a sus hijos de las maravillas que Dios ha hecho. Esta es otra manera de conocer la voz de Dios: escucharlo a través de nuestros padres. ¿Cómo lo sé? Porque acuérdate que estamos estudiando Salmos 78 que nos dice: «No se te olvide decirle a tus hijos y a los hijos de tus hijos acerca de las maravillas que Dios ha hecho».

Como padres de familia formamos comunidades, y las comunidades forman ciudades, y las ciudades forman países. Al final, todos nosotros pertenecemos al reino de Dios. Así que no escuches solo noticias, no oigas solamente lo que dicen las redes sociales, mejor escucha acerca de las maravillas de Dios, porque tú también eres un vocero. Tú eres un heraldo del rey.

El Señor nos ha llamado a ayudar en esta tarea de Jesús, de encaminar a nuestros hijos y de contar las maravillas. Eso es lo que estoy haciendo a través de este libro. La maravilla más grande que te he contado en este capítulo tiene que ver con que, a pesar de que tú hayas escuchado a filósofos, hayas escuchado muchas frases bonitas, debes poner tu atención en las palabras de Jesús. Yo decidí ponerle atención a las frases y a las palabras de Jesús, porque entendí que acompañada de sus palabras había un compromiso, y ese compromiso era conmigo.

En sus palabras hay un compromiso, y ese compromiso es también contigo. Un compromiso eterno, para que tengas la vida plena y abundante. Él se comprometió cuando dio su vida por ti en la cruz del calvario, así que todo lo que tienes que hacer en este momento es decirle:

Jesús, yo recibo ese regalo. Gracias por mostrar que eres diferente a todos los seres que existen en este universo. Gracias por venir a la tierra, gracias por comprometerte conmigo y por morir en la cruz por mí y en mi lugar. Acepto tu sacrificio, porque sé que yo soy pecador y que viviré errante sin tus palabras y sin tu dirección. Ven a mi vida, sé mi Señor y salvador, amén.

Capítulo 6

VIDA EN LUGAR DE MUERTE

En esta parte del libro, vamos a estudiar la historia que se encuentra en Juan 11. En el capítulo anterior vimos Juan 10, donde Jesús dice: «Yo soy el buen pastor». Al decir esto, Jesús nos dice que Él nos dirige; cuida Su rebaño y nosotros somos sus ovejas. Él no es un predicador más. No es una persona más. No es una voz más en la cultura del momento.

«*Yo soy el buen pastor. El buen pastor da su vida en sacrificio por las ovejas*».
Juan 10:11

Después que Jesús dice que Él es el buen pastor, las personas se dividieron. Si lees el capítulo 10 de Juan, te vas a dar cuenta de que había personas que decían que tal vez estaba endemoniado. Al final del capítulo, Jesús afirma ser el hijo de Dios; y con esas palabras, los judíos querían apedrearlo, de tal manera que Él tuvo que salir de esa aldea.

El Evangelio dice que Jesús, después de que estas personas querían apedrearlo, decidió ir al otro lado del Jordán, justamente a donde se encontraba el lugar en el que Juan el Bautista. Si bien en ese momento, él no estaba allí, porque estaba preso, los seguidores de Juan comenzaron a seguir a Jesús. Y esto es lo que dijeron acerca de Él:

«...*"Juan no hacía señales milagrosas" —se comentaban unos a otros—, pero todo lo que dijo acerca de este hombre resultó ser cierto»*. Juan 10:41

A mí me encanta esta expresión, y quisiera que de esta misma manera las personas me recuerden; que digan que todo lo que dije acerca de Jesús resultó ser cierto en sus vidas. Y ese es mi deseo para ti también.

ÉL VINO A DERROTAR A TODOS NUESTROS ENEMIGOS DE FORMA APLASTANTE

La victoria de Jesús al vencer a nuestros enemigos fue determinante. Y en este capítulo vamos a derrotar a un enemigo muy cruel, ese enemigo es la muerte física. Para ello, vamos a estudiar la historia de Lázaro.

La Biblia nos dice que Lázaro era hermano de María y de Marta, y se encontraba enfermo. Jesús se había ido porque querían apedrearlo; entonces, las hermanas de Lázaro lo mandaron a llamar porque sabían que si Jesús iba, había esperanza. Él ya estaba haciendo milagros, así que podía regresar y hacer un milagro de sanidad en Lázaro. Sin embargo, Jesús no fue inmediatamente. Sus discípulos le dijeron: «No sería bueno que nosotros vayamos de regreso a donde casi te mataron». Por lo que Jesús les dijo: «Sí, vamos a esperar dos días». Tomás incluso dijo: «Vamos a morir con Jesús», como aceptando que estaba dispuesto a ir, sabiendo que podía morir. A pesar de todo, Jesús decidió ir a la casa de María, Marta y Lázaro.

Cuando llegaron, Marta habló con Jesús, y ellos tuvieron una conversación interesante. Después de esto, Marta le dijo a María: «Mira, aquí está el maestro, te está buscando». Por consiguiente, María apareció, comenzó a llorar a los pies de Jesús, y le dijo: «Señor, si hubieras estado aquí, Lázaro no hubiera muerto».

La creencia de María es la misma que la nuestra: es buena pero incompleta. Creemos que el Señor viene a sanarnos si estamos enfermos. Creemos que Él viene a aumentar nuestros días. Creemos que Él viene a salvar nuestro día. Creemos que Jesús puede evitarnos un dolor. Exactamente eso sucedía con María, que se sentía derrotada ante la aflicción que genera la muerte física de un ser querido.

Quisiera que nos concentráramos en la relación de Jesús al hablar con María y ver su pena. La Biblia dice que esto le afectó a Jesús:

«*Cuando Jesús la vio llorando y vio a la gente lamentándose con ella, se enojó en su interior y se conmovió profundamente*». Juan 11:33

¡Jesús se conmovió hasta las lágrimas. «Y Jesús lloró», es el verso más corto de toda la Palabra de Dios.

Frente a esto, es importante que entendamos que la decisión de resucitar a Lázaro no estuvo basada en sus emociones. ¿Sabes por qué lo sé? Porque antes de salir de aquel otro lado del Jordán, Jesús ya les había dicho a sus discípulos: «Voy a ir a despertar a Lázaro». Él había decidido hacer esto de antemano, porque iba a ser para la gloria de Dios. Y cuando María le confrontó diciéndole: «Señor, ¿Por qué no estabas aquí? Si hubieras estado aquí...», Jesús le respondió: «Tu hermano resucitará». Por esto podemos entender que el milagro de Jesús no se basó en sus emociones, sino en lo que Él sabía que era la voluntad de su Padre.

A pesar de que en este milagro Jesús no fue un producto de sus emociones, algo lo movió, Él sintió algo profundo. Tal vez fuera algo difícil de explicar, porque cuando nosotros miramos la palabra en este capítulo 11 de Juan, las diferentes traducciones de la Biblia lo cuentan con palabras diferentes, aunque al final todas intentan decir lo mismo. Esto nos muestra que Jesús tenía emociones y a su vez nos enseña que tenerlos no nos hace débiles: nos hace humanos. Además, estos sentimientos que Jesús tenía nos hacen ver que Él era profunda y completamente humano; sin embargo, sus emociones estaban controladas por el Espíritu Santo.

¿CUÁLES SON LAS EMOCIONES QUE JESÚS SINTIÓ?

La Biblia dice que Él se conmovió. Cuando miramos en la palabra griega, esto implica un sentimiento de indignación, disgusto y enojo. Es más, la Nueva Traducción Viviente utiliza las tres palabras en diferentes versículos: «Que se enojó en su interior», que se «conmovió», «Se enojó en su interior (Espíritu) y se conmovió profundamente». En cambio, en la versión de la Biblia Dios Habla Hoy dice: «Se conmovió profundamente y se estremeció». Por lo tanto, estamos viendo que Jesús es un hombre que tiene emociones. Y cuando leo el pasaje, entiendo que Jesús está indignado de una manera santa. Además, la Palabra dice que está enojado en su interior.

¿QUÉ ENOJÓ A JESÚS?

1. Los estragos que causa el pecado

Considero que Jesús pudo haberse enojado al ver los estragos que el pecado causa en el mundo, porque el peor enemigo que tenemos es la muerte física. No nos podemos olvidar que todos los enemigos que hemos visto hasta ahora, son secuelas del pecado. Y en ese momento Jesús esta cara a cara con este enemigo de la muerte física que demuestra cuán triste es la condición del ser humano.

2. Las consecuencias de la muerte física

En segundo lugar, Jesús veía las consecuencias que la muerte física dejaba a los que se quedaron vivos. ¿A quiénes? En este caso, a María y Marta, y a muchas otras personas que en su momento tuvieron un vínculo cercano con Lázaro. Con su muerte, una familia quedó desprotegida. Y no es la primera vez que vemos a Jesús mirar a una mujer con compasión. Si recuerdas, en el evangelio de Lucas podemos ver que en cierta ocasión Jesús iba entrando triunfalmente a la ciudad, todo el mundo le seguía. En ese momento una madre salía de la ciudad hacia un entierro, llorando a su hijo.

Era su único hijo, y ella era viuda. Frente a esto, Jesús detiene la procesión por compasión. Él no lo hizo para generar un espectáculo, sino por compasión. ¿Por qué?

Porque sabemos que ese niño joven que Jesús resucitó, volvió a morir. Él le devolvió la vida porque sabía que esa mujer se había quedado completamente sola.

Y esto es lo que pasa. Estas son algunas de las consecuencias que la muerte física deja para los que quedan vivos. Lázaro murió, y Jesús vio a María y Marta, sin una protección y en una situación lamentable.

3. Los cambios y el duelo

En tercer lugar, probablemente Jesús se estremeció al pensar en los cambios que se avecinaban para ellas, y ni hablar del duelo.

Es importante considerar que la muerte de un ser querido o de una persona cercana, al igual que los traumas y muchas otras cosas que vivimos, no se superan de la noche a la mañana. Tú no lloras un día y al día siguiente te levantas y estás bien. Jesús podía imaginarse todo el dolor que María y Marta tendrían que experimentar al recordar a Lázaro y saber que ya no estaba con ellas.

Por desgracia, frente a una pérdida, todo lo que antes tenía vida comienza a morir. Esto sucede también en las relaciones cuando pasas por un divorcio. Y peor aún, en circunstancias así tu estabilidad emocional puede verse muy afectada. En estos momentos, todo eso que tenías, está a punto de irse. Cuando alguien se muere en la familia no sabemos cuáles van a ser las decisiones que la persona tomó, si dejó un testamento, si no dejó nada o si el gobierno se lo va a llevar todo. En otras palabras, se pierde esa estabilidad que había, o esa que se percibía antes, y todo esto hace que la persona que quedó sufra consecuencias. Y en cierta manera se paraliza nuestro mundo.

Cuando alguien o algo muere en nuestras vidas, se paraliza parte de lo que ahí estaba, lo que avanzaba, lo que funcionaba en nuestras vidas. La muerte es algo que todos tenemos en común. Normal a nuestra condición humana es el morir. Todos moriremos algún día, pero lo común de este enemigo no le quita lo definitivo y cruel.

JESÚS TIENE TODO EL PODER SOBRE LA MUERTE

La Nueva Traducción Viviente nos dice en el versículo 38 que Jesús estaba enojado. Aún cuando llegó a la tumba de Lázaro siguió enojado.

Otra de las palabras griegas que describe las emociones de Jesús es conmoverse. Este es un sentimiento de indignación y disgusto. Pero Jesús se enfrentó al enemigo más cruel: la muerte física; y como guerrero victorioso que es, Él la derrotó de manera aplastante. Este milagro de resurrección señala que Jesús tiene todo el poder sobre la muerte.

¿QUÉ DICEN LAS SAGRADAS ESCRITURAS ACERCA DE LA MUERTE?

«Pues el pecado de un solo hombre, Adán, hizo que la muerte reinara sobre muchos; pero aún más grande es la gracia maravillosa de Dios y el regalo de su justicia, porque todos los que lo reciben vivirán en victoria sobre el pecado y la muerte por medio de un solo hombre, Jesucristo».
Romanos 5:17

De forma adicional, un muy conocido y maravilloso versículo nos recuerda la paga del pecado:

«Pues la paga que deja el pecado es la muerte, pero el regalo que Dios da es la vida eterna por medio de Cristo Jesús nuestro Señor».
Romanos 6:23

Esto significa que Jesús derrotó a ese enemigo que se llama muerte, por medio de Cristo Jesús, nuestro Señor. La muerte física ocurre cuando el alma se separa del cuerpo. El apóstol Pablo nos dice:

«Estoy dividido entre dos deseos: quisiera partir y estar con Cristo, lo cual sería mucho mejor para mí; pero por el bien de ustedes, es mejor que siga viviendo».
Filipenses 1:23

Esto nos enseña que para el cristiano, morir es partir

y estar con Cristo, lo cual Pablo dice que sería mucho mejor para él. Posiblemente no para su esposa, para sus hijos, para sus amigos, que le van a hacer falta, lo van a llorar, sus vidas van a cambiar aquí en la tierra. Pero para nosotros que morimos en Cristo, partir es estar con nuestro Padre; por lo tanto, es mucho mejor para nosotros. Cuando pienses acerca de la muerte física, recuerda eso.

Cuando un creyente muere, va a presentarse de manera inmediata al Señor, y luego cuando regrese Jesús recibirá del Señor un cuerpo resucitado. ¿Cómo sé esto? Porque en el libro de Daniel, en la profecía que está muy unida con el libro de Apocalipsis, él escribe lo siguiente:

«*Se levantarán muchos de los que están muertos y enterrados, algunos para vida eterna, y otros para vergüenza y deshonra eterna*».
Daniel 12:2

Aquí podemos ver que Daniel profetiza que habrá una resurrección de los muertos; y en Apocalipsis, el mismo apóstol Juan nos dice:

«Entonces uno de los veinticuatro ancianos me preguntó:
—¿Quiénes son estos que están vestidos de blanco? ¿De dónde vienen?
Y yo le contesté:
—Tú eres quien lo sabe, señor.

Entonces él me dijo:

—Estos son los que murieron en la gran tribulación. Han lavado y blanqueado sus ropas en la sangre del Cordero.

Por eso están delante del trono de Dios y le sirven día y noche en su templo. Y aquel que está sentado en el trono les dará refugio. Nunca más tendrán hambre ni sed; nunca más les quemará el calor del sol. Pues el Cordero que está en el trono será su Pastor. Él los guiará a manantiales del agua que da vida. Y Dios les secará cada lágrima de sus ojos».

Apocalipsis 7:13-17

Como hemos podido leer, todas estas personas vestidas de blanco son las que han lavado y blanqueado sus ropas en la sangre de Cristo, por eso están delante del trono de Dios y le sirven día y noche en su templo.

JESÚS RESUCITÓ A LÁZARO

Volviendo a nuestra historia, sabemos que Jesús resucitó a Lázaro. Le dijo: «Lázaro, ven fuera». ¿Para qué? Para gloria de Dios, para beneficio de Lázaro, María y de Marta.

Jesús puede resucitar cualquier cosa que esté muerta en tu vida. Él lo puede hacer, para gloria de Dios y para tu beneficio.

Una vez que Lázaro resucitó, Jesús regresó a la ciudad, y Marta, María y Lázaro lo recibieron con una gran cena. Creo que el mismo Jesús quería estar ahí, no como una obligación, Él estaba feliz porque Lázaro era su amigo. Y después de un gran milagro, María tuvo un gran gesto:

«*Entonces María tomó un frasco con casi medio litro de un costoso perfume preparado con esencia de nardo, le ungió los pies a Jesús y los secó con sus propios cabellos. La casa se llenó de la fragancia del perfume*».
Juan 12:3

María sacó un frasco de perfume y lo derramó a los pies de Jesús. Era un perfume carísimo, pero Jesús había hecho semejante milagro para ella y para su hermana, que decidió adorarlo de esa manera.

Esto nos muestra que cuando Dios ha hecho grandes cosas en nuestras vidas, nuestra respuesta debe ser la adoración y el agradecimiento. Miramos en perspectiva todo lo bueno que Dios hizo y apreciamos el valor que esto tiene para nosotros.

LAS PERSONAS QUE NO CONOCEN AL SEÑOR, NOS VEN COMO UN PELIGRO

«Cuando toda la gente se enteró de que Jesús había llegado, corrieron en masa para verlo a él y también a Lázaro, el hombre al que Jesús había resucitado de los muertos. Entonces los principales sacerdotes decidieron matar a Lázaro también, ya que a causa de él mucha gente los había abandonado a ellos y ahora creían en Jesús».
Juan 12: 9-11

Cuando Jesús hace grandes cosas en tu vida, tú eres un testimonio poderoso; alégrate, pero también ten cuidado. ¡Que el Señor te guarde! Siempre ora, porque las personas van a querer matar la evidencia, y tú eres la muestra de que el poder de Dios todavía está vivo. No obstante, Jesús derrotó a todos nuestros enemigos en la cruz. Así que hoy es un buen día para que decidas lavar y blanquear tus ropas en la sangre del Cordero, y permitir que Él sea tu buen Pastor. ¿Te animas? Te ayudaré con una oración:

Padre celestial, gracias por enviar a Cristo a morir en la cruz del calvario por mis pecados. Gracias porque Él, como Mesías, derrotó a todos mis enemigos de forma aplastante. Yo lo recibo como mi Señor y Salvador. Gracias, Jesús, por ser mi pastor. Amén.

Capítulo 7:
Luz en lugar de oscuridad

*«Porque en ti está la fuente de la vida;
en tu luz vemos la luz.» Salmos 36:9*

Para aquellos que desprecian la luz, el juicio ya está establecido por su propia decisión: vivirán en su propia vergüenza. Ezequiel 36:7 nos expresa el veredicto de Dios hacia las naciones que le despreciaron:

«He jurado solemnemente que pronto esas naciones tendrán que soportar su propia vergüenza.»

Pero para aquellos que recibimos el regalo de la luz de Dios, no tendremos que vivir más en vergüenza. Así que, si piensas que nunca más te alegrarás, que esa sombra siempre se interpondrá en tu camino y que la desolación tendrá un imperio indiscutible, no será así. Dios es el único que puede restituir eso que una vez estuvo muerto y sin fruto. El victorioso y vencedor Jesús llega a nuestra historia a derrotar la vergüenza de nuestra condición. La vergüenza es como una sombra negra sobre nosotros que nos quiere decir que pertenecemos a la oscuridad; y esto solo se derrota por medio de la luz que trae Jesús, esto es, solo si decidimos aceptar Su luz.

Mi verso favorito en el evangelio de Juan es Juan 3:17, que nos asegura que Dios no envió a Jesús al mundo para condenar al mundo sino para que el mundo sea salvo por Él.

Mientras escribía este capítulo murió un prestigioso pastor al que apreciaba mucho. Ver su funeral y lo eminente del poder de la muerte sobre los seres humanos, me confirmó que Jesús no vino al mundo a condenar al mundo, porque el mundo ya está condenado a la destrucción, las enfermedades, los pleitos y la muerte. Dios envió a Jesús para salvarnos de la condenación en la que ya estamos. Es como que si fuéramos un ejército de condenados que camina cada vez más cansado hacia el abismo de la muerte. Suena trágico, pero es nuestra oscura realidad.

. Es ridículo cuando entre nosotros nos juzgamos merecedores o no de la salvación. Nadie la merece. Todos estamos condenados a la muerte física y a la muerte eterna porque en algún momento hemos escogido y permitido que la oscuridad reine en nosotros. Solo cuando la luz de Cristo aparece, las tinieblas son derrotadas. El victorioso Jesús derroto la muerte espiritual y nos entregó la vida eterna.

Miremos el primer capítulo de Juan y estudiemos lo que el apóstol nos dice sobre quién es Jesús.

La Palabra le dio vida a todo lo creado,
y su vida trajo luz a todos.
La luz brilla en la oscuridad,
y la oscuridad jamás podrá apagarla.
Juan 1: 4-5 (NTV)

Si leemos detenidamente el primer capítulo veremos que la Palabra le dio vida a todo lo creado y su vida trajo luz a todos. Esta Palabra se hizo hombre y Jesús llegó al mundo como la luz que brilla en la oscuridad. Así como estaba el mundo al principio, así era nuestra condición al llegar a este mundo: La oscuridad reinaba. Pero al llegar la luz de Dios, la oscuridad se disipó.

Podríamos pensar que la oscuridad existe antes que la luz, pero no es así, la oscuridad intenta apagar la luz que existe desde el principio. La oscuridad es resistencia a la luz.

En el primer capitulo de Juan hay un paralelismo con el capitulo 3 de Juan donde Jesús habla con Nicodemo sobre el nuevo nacimiento.

"Aquel que es la luz verdadera, quien da luz a todos, venía al mundo. Vino al mismo mundo que él había creado, pero el mundo no lo reconoció. Vino a los de su propio pueblo, y hasta ellos lo rechazaron; pero a todos los que creyeron en él y lo recibieron, les dio el derecho de llegar a ser hijos de Dios. Ellos nacen de nuevo, no mediante un nacimiento físico como resultado de la pasión o de la iniciativa humana, sino por medio de un nacimiento que proviene de Dios."
Juan 1: 9-13 (NTV)

En este primer capitulo, donde juan habla sobre quien es Jesús, también expresa la manera correcta de tratar a Jesús al llegar como humano a la tierra. Esto es lo que debió haber sido:

• Reconocerle como proveniente del cielo, lo cual no sucedió ya que los hombres colocaron resistencia a la luz y se quedaron ciegos.
• Aceptar quien es: El Mesías prometido. Sin embargo, fue rechazado.
• Creer en él para poder recibirle y llegar a ser hijos de Dios.

Esto nos muestra el proceso de los que nacemos de nuevo: reconocer, aceptar, creer y recibir. Estos son los pasos espirituales por medio de los que se obtiene un nuevo nacimiento, el cual no proviene de nosotros mismos ni de otro ser humano sino de Dios.

Juan dice claramente al comienzo de su libro que Jesús es Dios y revela a Dios, es por esto que Él es la luz del mundo, Él revela lo que ha estado oculto debido a la oscuridad del mundo en que vivimos.

EL ENCUENTRO CON NICODEMO

En Juan 3 vemos el encuentro de Jesús con Nicodemo. En conversación con este erudito de la ley, Jesús dice lo mismo que Juan 1. Nicodemo reconocía que Dios había enviado a Jesús, pero Jesús le dijo que requería *nacer para ver*; en otras palabras, Nicodemo estaba en la oscuridad.

La vida física solo puede reproducir lo físico; pero la vida espiritual nace del Espíritu Santo. Aquí Jesús explicó un poco más de lo que se trata este nuevo nacimiento. Para nacer de nuevo y no estar en la oscuridad, se requiere que reconozcas a Jesús como enviado de Dios Padre, pero luego debes de creer su testimonio.

La muerte física solo mata el cuerpo físico; pero la muerte espiritual hace que el espíritu muera. Jesús vino a darnos un regalo eterno, una vida nueva en lo espiritual que no proviene de lo humano, sino de lo divino.

Jesús le dijo a Nicodemo que solo Él vino del cielo y sería levantado como el antídoto al veneno de la serpiente. Allí Jesús hizo alusión a Números 21: 4 - 9, donde para salvar a los hombres de la muerte causada por el veneno de las serpientes, Dios envió a Moisés a levantar una serpiente de bronce, y todo aquel que la miró recibió sanidad. Entonces, Jesús le dijo que igual que en aquella ocasión, si creía en que Dios le envió para salvación, Nicodemo recibiría vida eterna.

La condenación ya existe; si no crees, no aceptas y no reconoces, entonces no hay luz. Al resistir la luz para continuar tu vida a tu manera, esta se convierte en tinieblas para ti, y esa es la condenación.

EL TESTIMONIO DE JUAN EL BAUTISTA

En Juan 3 vemos también el testimonio de Juan el bautista acerca de quién es Jesús. Veremos que este testimonio es afín con el del apóstol Juan y el del mismo Jesús a Nicodemo.

Juan 3: 34 dice que Jesús tiene todo en sus manos y el que cree en Él tiene vida eterna. El verso 36 nos dice que el juicio ya está aquí; por lo que Jesús no vino al mundo a juzgar. Él fue enviado al mundo como un regalo; al igual que en Génesis 3 vemos que Dios proveyó un vestido para cubrir la vergüenza del hombre y la mujer, Dios envió un regalo en Jesús. Romanos 6: 23 lo dice claramente:

«Pues la paga que deja el pecado es la muerte, pero el regalo que Dios da es la vida eterna por medio de Cristo Jesús nuestro Señor.»

El pecado ya trajo su paga y Dios ya envió su regalo: Jesús.

¿Recibirás el regalo que Dios da? Recibir el regalo es no resistir la luz, dejar el mundo de la oscuridad donde reina la muerte, la escases, la enfermedad y permitir que Dios te traslade a otro mundo donde reina la luz y Jesús es el vencedor sobre todos los enemigos que están a punto de destruirte por completo.

«Les he dicho todo lo anterior para que en mí tengan paz. Aquí en el mundo tendrán muchas pruebas y tristezas; pero anímense, porque yo he vencido al mundo.»
Juan 16: 33 (NTV)

La enfermedad es un enemigo que viene a robarnos la vida; sin embargo, Jesús puede derrotar a ese enemigo. Hemos visto cómo Jesús alimentó a más de 5000 personas; una señal en la que Dios nos muestra que Jesús vino a derrotar al enemigo de la escasez. Otro enemigo es la ceguera espiritual, que hace que al pecar no veamos las consecuencias de nuestro propio pecado. Esa ceguera nos lleva a la muerte. La ceguera espiritual nos puede mantener en la oscuridad de la falsa salvación por medio de la religiosidad. Lamentablemente, esto también nos puede pasar a nosotros. Pero recordemos que en Jesús hay esperanza:

«Yo soy la luz del mundo. Si ustedes me siguen, no tendrán que andar en la oscuridad porque tendrán la luz que lleva a la vida». Juan 8:12

Es por ello que podemos afirmar que Jesús vino a derrotar a ese enemigo llamado ceguera espiritual. Jesús es la luz de la mañana. Cuando Él llega, se va la noche y la oscuridad huye. Su luz no solamente sirve para alumbrar y brillar, sino que lleva a la vida.

¿QUÉ ES LO QUE LA OSCURIDAD HACE EN NOSOTROS?

Lo primero que la oscuridad hace en nosotros es mantenernos en resistencia hacia la luz haciéndonos tropezar y caer. La buena noticia es que no tenemos que tropezar en la oscuridad; podemos tener la compañía constante de Su luz.

Permanecer en las tinieblas nos condena a muerte eterna:

«*Y este es el juicio: que la luz vino al mundo, y los hombres amaron más las tinieblas que la luz, pues sus acciones eran malas.*» Juan 3:19

La buena noticia es que la luz hace evaporar la oscuridad. Jesús vino a derrotar a todos nuestros enemigos de forma aplastante, y sobre todo al que se levanta como oscuridad en nuestras vidas, esas sombras que oscurecen nuestro ser y lo maltratan hasta matarlo. Así lo decía el salmista:

"Enciendes una lámpara para mí.
El SEÑOR, mi Dios, ilumina mi oscuridad."
Salmos 18: 28 (NTV)

Si no fuera por la luz de Jesús, nuestro salvador, estaríamos destinados a la destrucción. Pero el Señor dijo:

«*Yo, la luz, he venido al mundo, para que todo el que cree en mí no permanezca en tinieblas.*»
Juan 12: 46 (LBLA)

La oscuridad nos hace pensar que no va a pasar nada malo si seguimos pecando. No nos deja ver que nos está llevando a la muerte. La oscuridad hace posible que sigamos en nuestro propio camino sin ser descubiertos; y al querer satisfacer los deseos carnales, hace que queramos continuar allí para no ir a la luz y ser expuestos a su reinado eterno.

«*Por otra parte, os escribo un mandamiento nuevo, el cual es verdadero en Él y en vosotros, porque las tinieblas van pasando, y la luz verdadera ya está alumbrando.*»
1 Juan 2:8-9

Te invito a que tú entregues tu vida al Señor. El nos ofrece vida eterna en lugar de muerte espiritual. Te animo a que lo invites a tu vida, para que Él te haga libre de toda ceguera espiritual, y también para que pueda convertirse en el Señor y Salvador de tu vida.

Si quieres hacerlo, vamos a orar:

Padre celestial, te doy gracias por haber enviado a Jesús al mundo para salvarme de todos mis pecados y limpiarme de toda maldad. Acepto el sacrificio de Cristo en mi lugar. Tú, Señor, viniste a cumplir por nosotros esto que tú mismo habías designado. Por tu gracia somos salvos, por medio de la fe, y esto no es de nosotros, sino que es tu don. Lo entiendo, y en este momento acepto el regalo de la salvación. Declaro que Jesús es el Mesías. Jesús vino a la tierra como Mesías, y lo acepto como mi Señor y mi Salvador. Gracias por escribir mi nombre en el libro de la vida, amén.

El victorioso Jesús vino a derrotar a todos nuestros enemigos de forma aplastante. Él vino a derrotar el poder del pecado en nuestra vida, ese enemigo que tiene el poder de traer frustraciones de la vida, la enfermedad, la escasez, la ceguera espiritual que nos hace vivir en pecado o en justicia propia y la muerte física. Y el regalo mas grande de todos y la maravilla mas asombrosa de todas, es su victoria sobre la oscuridad de nuestras almas: El vino a entregarnos la vida eterna.

«Que el Señor te bendiga y te proteja. Que el Señor sonría sobre ti y sea compasivo contigo. Que el Señor te muestre su favor y te dé su paz».
Números 6:24-26

Mis reflexiones

Mis reflexiones

Otras obras por Rebeca Segebre

Un minuto con Dios para parejas

Confesiones de una mujer desesperada

El milagro de la adopción

Un minuto con Dios para mujeres

Confesiones de una mujer positiva

5 secretos que te impulsan al éxito

Mi vida un jardín

Afirmaciones divinas

Una nueva vida

Las siete virtudes del éxito

Símbolos de navidad

Planner Demos Gracias

Tú naciste para escribirlo

Positiva en tiempos de crisis

Un minuto con Dios para emprendedores

Las señales de la cruz

Pídeme en Oración

Sabiduría para la vida: Un viaje por los proverbios

21 días en Los Salmos

ACERCA DE LA AUTORA

Rebeca Segebre es ingeniera de sistemas, maestra de la Biblia, graduada en teología y prolífica escritora, reconocida en el mundo hispano por su trabajo con la mujer, huérfanos y la adopción. Se hizo muy conocida a través de sus primeros cinco libros éxitos en ventas y sus populares reflexiones Un minuto con Dios. Ella además es la presidente de *Editorial Güipil*. En el área empresarial se ha destacado como gerente de proyectos para las empresas americanas *Fortune 500*.

Rebeca además es conferencista y fundadora del *Movimiento Mujer Valiosa*; que provee recursos, capacitación, libros y seminarios gratuitos. La *comunidad Mujer Valiosa* es parte del esfuerzo para capacitar a la mujer latina en el área empresarial y ministerial, acompañado de materiales y recursos basados en las Sagradas Escrituras.

Rebeca Segebre Ministries una organización sin fines de lucro 501(c3) con el deseo de equipar a la mujer latina de todas las edades y ayudarla a ser una mujer sana y prospera.

Para más artículos, audios, videos, estudios bíblicos y otros recursos visita: www.RebecaSegebre.org

Contacto: rebecasegebreweb@gmail.com

Libros y materiales de Rebeca:
www.Vive360Shop.com

Únete a la comunidad GRATIS y recibe un regalo especial:
www.MujerValiosa.org/regalo

Cursos y seminarios para escritoras:
www.AcademiaGuipil.com

Fortalece tu realción con Dios

Ordena hoy estos libros y recursos de oración y estudio bíblico relacionados.

Para rápido acceso escanea el código con la cámara tu celular, luego presiona el enlace para ir a la página de compra de cada libro.

Visita: Vive360shop.com

Recibe 15% de descuento con el código: soyvaliosa

REBECA SEGEBRE
MINISTRIES

Para más información, recursos y eventos visita:
www.RebecaSegebre.org
www.Vive360.org
Vive360Shop.com

E-mail: oficina@rebecasegebre.org

Medios sociales:
Facebook: @RebecaSegebreOficial
Instagram: @RebecaSegebre
Twitter: @RebecaSegebre
Youtube: @RebecaSegebre

www.ingramcontent.com/pod-product-compliance
Lightning Source LLC
Chambersburg PA
CBHW070552050426
42450CB00011B/2824